定年後の活かし方楽しみ方

盛春謳歌
実践ヒント集

作家・社会教育家・講演会講師
宇佐美 覚了

はじめに

人生百年時代になりそうだと言われはじめました。

私が子供時代は、人生は五十年と知らされていました。驚きの大変化です。

私は六十歳で定年をむかえてから、すでに二十三年になります。

この間、私自身が自分の定年人生をどう考え、どのように生きてきたか、自分なりの生きざまを、本書でまとめようと考えました。

いわば定年に対する自分なりの発想と生き方を、自分なりにまとめたものです。

振り返ってみると、多くの反省と思いちがいもあることでしょう。それでも、事実をみつめなおすのも意義あることだと思います。

本書を手にとって、目をとおして下さった読者の方が、自分の定年後人生のあり方を考えていただくうえで、多少なりとも参考にしていただければ、著者としてうれしく思います。

　定年後人生は、ありがたい人生の一つの黄金の時期です。せっかくの定年後人生を退屈で無意味にしたくはありません。感謝してこの時期を光り輝かせたいものです。

　私の執筆の動機と願望を受けいれて、出版の機会をあたえてくださった浪速社と、親切なご指導をしていただいた同社の杉田宗詞氏に心からお礼を申し上げたいと思います。

二〇一九年十月

宇佐美 覚了

■定年後の活かし方楽しみ方　―　盛春謳歌実践ヒント集　―

目次

第三章　盛春老人の「一日一想」五十話　61

第四章　社会貢献活動で盛春人生実現　139

序章

定年後の感謝と喜びの人生再出発

定年後の感謝と喜びの人生再出発

私は六十歳で定年をむかえました。二人の息子も大学院を修了し社会人として活躍し、結婚もしていました。一応は親としての社会的責任をはたし終えた年齢に達して、少しほっとしました。

妻と私は、定年をむかえた直後でしたので二人が近距離の一泊の温泉旅行に行きました。結婚後、協力しあって定年をむかえられたことに対し互いに感謝と慰労の旅でした。

さらに定年によって、新しい希望の人生をスタートさせる区切りをつける旅でもありました。

宿泊したホテルでの翌朝での朝食時に、三階から町中の光景をながめていると、一種のショッキングな感情がわきおこりました。通勤や通学の多くの人たちの忙しい動きでした。

週がはじまる月曜日の朝のことです。私たち夫婦が、この忙しい時間帯に、のんびりと食事を楽しんでいてよいものだろうかと不安になりました。

定年をむかえ、人生の一時期を終え、新しい人生のスタートの区切りの旅行だから、心配や不安は不要と自分に言い聞かせました。

大切なことは、これから始まる定年後人生を、どう輝かせ、楽しく充実させるかを真剣に考えることでした。

この感謝と慰労の温泉旅行を境に、これから自分たちの定年後人生について具体的に考えるようになりました。

私達の周辺に数多くの定年退職者がおられます。その方たちの生活方法の実態を観察しはじめたのです。

すると、生活実態の内容もさまざまあることを知り驚きました。大きく二つの内容に大別され、それぞれに各種の生き方があることも発見しました。

私達が知った生き方は左記のようになりました。

人生の先輩たちの定年後の生き方の具体例を知ることは、私たち夫婦の新しい定年後の生き方を設計するうえで大いに役立ちました。

［1］幸福な定年後人生の生き方

1．感謝して　楽しみみつけ　日常を
2．小さくも　社会貢献　心がけ
3．何ごとも　プラス思考で　前むきに
4．老いてなお　夢を追いつつ　生活す
5．臨終も　感謝しながら　合掌す

［2］不幸な定年後人生の生き方

1．不満顔　精気とぼしく　笑顔なし
2．他者批判　自己弁護にて　日をおくる
3．老いながら　ぼやき人生　継続す
4．テレビだけ　我が唯一の　親友に
5．高齢で　悪さたくらむ　罪ふかし

私たちの人生の先輩たちの生き方を、観察し多くのことを知り学びました。せっかく高齢まで生き続ける機会に恵まれたのですから、幸福な定年後人生をおくりたいと強く願うようになりました。

定年後、少しでもより素晴らしい人生を実現するためには、それなりの自覚と、具体的な生き方の設計をすることが重要であることも知りました。

高齢まで生き活動したいと念じていても、病気とか事故により、長寿が実現できない人も世の中には数多いのが現実です。

私は誕生した時が超未熟児で、小・中の学校時代は虚弱体質でした。大病をくりかえし中学一年に留年もしたのです。

その私が定年退職まで仕事が出来、結婚し二人の男の子供を養育し、大学院を修了させることが出来ました。長男は医大で学生たちを教え、付属病院で医療活動をしています。次男は有名製薬会社で管理職として働いています。

二人の息子が、父親が子供の頃に苦しんだ病気や健康に関する分野で、世の中に恩返しをして活躍してくれている現実に、私は手をあわせて感謝しています。

幸せにも、定年まで健康体で働くことが出来たことがありがたいと思っています。

それだけに、定年後も心して幸福な人生を実現するたゆまぬ努力を続けたいとの思いを再確認して、ホテルの朝食を味わい楽しみました。

第一章

定年で人生の盛春を謳歌

人間の一生の生活を時期的に大別すると、定年時を境にして考えられそうです。現役時代と退職後の生活です。夢に満ち疲れを知らぬ青春が現役時代にあります。定年後は青春期に人生の各種の体験をして苦楽をあじわったあと、自分なりの人生を完成させる盛春期です。「セイシュン」の同音異義としての青春と盛春です。

定年をむかえて人生の盛春を体験できることは幸せです。定年時代に人生の盛春を謳歌したいものです。

1. 定年は第二の人生の充実期

定年は人生の停年ではない、この発想と生きる姿勢が定年後の人生を充実させる基本です。

定年が近づくと、定年後は退屈になりそうで心配している。どう毎日を生きたらよいか考えこんでしまうと言う人がいます。

毎朝、何もすることがない一日がまた始まるのかと溜め息をつく人に会うこともあります。部屋の中で、一日中だらだら、ごろごろしていると配偶者から、家族から連日にわたり小言とか不満の声に悩む人もいます。

私は、定年は自分の人生の活動が停止する期間と考え、その停止で退屈な時にしたくはないと、若いころから思っていました。

定年により第二の人生の活動期、充実期にしたいと考え、じっと計画をしてきました。

定年期の人生のおくり方の内容の基本は、次の五項目でした。

（一）社会奉仕活動をして、長年にわたりお世話になってきた社会に貢献し、少しでもお返しをしたい。
（二）興味や関心のある分野での執筆活動を続ける。一冊でも多く著書を出版して社会に私の死後も、何らかの貢献をしたい。
（三）妻、息子の二家族と心の絆を大切にして平和な人間関係を継続する。夫・父親・祖父としての役割を可能な限り貫徹する。
（四）健康に留意しながら、好きな読書、小旅行、愛犬との生活を楽しみたい。
（五）毎日、朝夕二回の感謝と世界平和希求で近くの神社、仏閣をまわり、ミニ遍路を続ける。心身の健康増進にも良いと思うのです。

このよう基本の生き方五項目を追求するだけで、毎日が忙しく、楽しいのです。退屈だと溜め息をついている時間はまずありません。ありがたいことです。せっかくの定年後の人生です。楽しみを充実させてすごしたいものです。

各人各様の充実した定年期のすごし方があると思います。それぞれの方が自分の定年期人生の充実法を考えて具体化されてみてはいかがでしょう。すでに充実した定年を満喫されている人も数多いと思います。

いずれにしても、皆が幸せにも与えられた定年の第二の人生を少しでも強化して充実させたいものです。

2．社会貢献しながら恩返し

私は誕生した時、超未熟児でした。昭和十二年の誕生ですので、現在と比較すると食糧や各種の生活環境は劣悪でした。医療に関しても頼りになる面は、ほとんどありませんでした。

特に田舎でしたので老人の医師一人で、良薬は皆無状態でした。頼りになるのは両親の慈愛と、家族愛でした。小・中時代は生き続けるのに全力投球の状況だったのです。

中学一年の時に大病を重ねて、いつ命を失なっても不思議でない時をなんどもむかえたのです。元気に遊びまわることはもちろん、学校に通学することも大変だったのです。

従って、友達と遊びまわるとか、勉強に集中した体験を今になり思い出すことはできません。義務教育で一年の留年も経験しました。

その私が高校三年くらいから、一応は健康体になりました。次第に普通の人間の健康状態になり、毎日を楽しくおくれるようになりました。

自分の努力もあるとは思いますが、両親、家族、周辺の無数の人達から支えられ続けたお陰の結果だと、今ふかく感謝して生活しています。

私は定年をむかえる少し前から、今までお世話になった両親、家族、社会に対して、私なりの恩返しをしたいと考えていました。

心ばかりの私の考えた恩返しの具体例は、刑務所で受刑されている人達の更生と社会復帰の民間人としてのお手伝いをすることを考えました。

法務省の委嘱の社会奉仕活動になります。犯罪を犯された本人はもちろんですが、犯罪者の家族の苦しみは大変です。被害を受けられた人にも同情と、救済の手をさしのべなければなりません。

私は公益財団法人の全国篤志面接委員の一人になり、刑務所の受刑者の人達の更生と社会復帰のお手伝いをはじめました。

さらに世界中には極度の貧困と、劣悪な医療状態に苦しんでおられる人が多くおられます。

私は年金生活者ですので、経済力はありません。高齢になり贅沢や美食は不必要ですので、生活をきりつめて、ユニセフと、国境なき医師団に、年に数回の少額ですが寄付活動を続けさせてもらっています。

私にとって幸せです。世の中に、ほんの少しですが感謝の恩返しの真似ごとができるからです。

超未熟児で誕生し、義務教育時代で死線をさまよった私が微々たる恩返しの真似ができることがありがたく幸せです。

若い頃は病弱のためなどにより、定年をむかえ、八十代まで生きることは想定が不可能だったことを考えると、感謝して今を大切に生きたいと強く思っています。

3. 自分流の毎日の生活を謳歌する

子供のころから病気がちで虚弱でした。病気で床につくことも多く、体調が比較的よい日は読書をすることで時間をすごしていました。

子供は一般に外でとびまわって遊んでいるものですが、私の場合は健康状態がゆるさず、家の中にいることがほとんどでした。

従って一般の子供より、私は自然に読書量が多くなっていたように思います。文学、哲学、宗教、偉人伝など広範囲に濫読していた記憶があります。

読書により、世界中に各分野ですごい人物がそれぞれ実績をあげておられることを知り、全身がふるえるような感動を幾度もしたことを覚えています。私もいつか原稿を書き、著書を出版したいという夢をえがくようになっていました。

社会人になり現役時代に十数冊の著書を出版しましたが、定年になってからも執筆や出版を続けたいと考えました。

現在、私は八十三歳で、六十歳の定年から二十三年が経過しました。現時点で出版の総数が三十冊になろうとしています。

私の住んでいる市の図書館にもかなりの本がおさめられています。うれしく、ありがたいことです。

まだまだ執筆したいテーマは数多くあり、執筆意欲は低下しているように思えません。

私なりの執筆、出版意欲の継続が、定年人生を楽しく充実させてくれています。

先日、大病院で痴呆症に関する検査を受けてみました。医師から六十代の頭の働きをしていると驚かれました。

私なりに何か少し考えている習慣があり、執筆・出版を続けているからかもしれないと医師から言われました。

私は毎日それなりにやりたいことがあり、朝がくるのが楽しみで、定年後人生を謳歌しています。退屈と感じる時間は、今のところありません。

4. 良好な人間関係を継続し楽しい生活

老いて夫婦や家族間で不仲であると不幸です。欠点や短所のない人間は一人もいません。

人間は誰でも、長所や短所の判断基準に多少の差はあります。夫婦、家族間でも、長所と思える部分を互いに認めあい評価したいと私は日頃から考えています。

社会生活をする場合も同じです。互いに相手を批判し、中傷する姿勢で対応していると、良好な人間関係を維持できません。結局は、双方とも不幸な道のりをたどることになりかねません。

私はある時、子供の夫婦が不仲で離婚の危機をむかえて親として心を痛めておられる両親から相談をうけたことがありました。

私はその悩んでおられる両親に、私なりの提案をしました。家族間の日常会話のなかで、笑顔で互いに相手の長所を認め評価する、さりげない会話をしてみてはどうでしょうかと言いました。

それにはまず、両親の間の夫婦間で、小さなことでも長所をみつけ評価しあってみてはと提案しました。

子供についても、その配偶者についても、小さなことでも長所や感動した言動について、笑顔で、うれしそうに、さわやかに評価を日常生活の中で実践することをすすめてみました。

すると三ヵ月位してから両親が、私の顔を路上でみつけ、笑顔いっぱいに私に報告されました。

家の中の会話が明るくなりました。子供の夫婦も人がかわったように仲よくなり離婚の危機を脱出したようです。両親はなんども頭をさげて感謝の言葉をくりかえされました。

私自身は、自分の性格もあり、競うこと口論することがきらいです。小学生の頃から、友達とけんか腰で接した記憶がありません。

相手に対し短所を非難したりけんか腰で口をきくと、相手は当然に不快感をおぼえます。

その結果、相手も私に対し反撃します。このような状況をくりかえすと、険悪な人間関係に自然と発展します。

少し気をつけて、他者と対応するかしないかで、人間関係は良くもなり悪くなるものだと思えます。

私は妻に対しても、子供や、その配偶者、さらに配偶者の親と家族に対しても、長所をみつけ評価し、感謝の姿勢を表現することを心がけています。

私の目からみて、このようにしてほしかったことを突然に実践された時は、その場で喜びの表現をするのです。その表現によって、私の願いが相手に理解できます。

人間関係を良好にするさまたげになるのは、不平、不満、叱責を常に表面化することだと思います。笑顔、感謝、喜びを常に日常化することが人間関係を良くすると思います。

私の両親は、私に対してマイナス表現ではなくプラス表現を心がけて養育してくれていたと感じます。私自身も私の両親の対人法を自然と見習っているようです。

ありがたいことに、私たち夫婦、私たちと子供たち、子供の家族、子供の妻の家族、いずれも良好で平和な関係で幸せでありがたく感謝しています。

接する人間同士が不仲であると、日常生活が楽しくなくなります。可能な限り、皆が仲よく平和に、楽しく生活を続けたいものだと思います。

平和な社会の実現は、まず足もとの身近な人間関係からはじまりそうです。

5. 心身の健康増進と平和実現を希求

幸せな定年後の生活を実現するために、まず心身の健康を考えて日常をおくることです。心身の健康を考える時に大切なことはいくつかあります。

まず、老化する肉体に過度の負担をあたえないことが必要ですが、適度の緊張感をいつももっていることです。

毎日が日曜日で退屈な生活は、心身の健康によくないことです。私は執筆、出版の意欲が今もあまりおとろえているように感じません。

さらに、法務省委嘱の篤志面接委員を定年後になって続けていますので、社会貢献の喜びと、責任感から緊張感もあり健康によいのです。

日常の楽しみは、愛犬二頭を、妻と二人で朝夕に散歩しています。散歩道の四季の風景の変化を楽しみながら歩くのは心身の健康の維持、増進に役立っています。二頭の愛犬も楽しそうに尾をふりながら歩いてくれます。

丸い地球上に住む人間同士が、角を立て争い、時に命をうばいあう戦争をくりかえす現実があります。

私は一人の人間として当然の発想と生き方ですが、争いはさけたいのです。子供の頃から、家庭内でも、学校などでも口論したり、けんかに類することをした記憶はありません。ましてや暴力行為をしたことはありません。

私達、夫婦は、朝夕の愛犬との散歩中に、近くの神社、仏閣をまわります。家族、周辺の人達、地球上の全ての人間の平安と平和を念じてミニお遍路を続けています。

散歩を終えて、尾をふり続ける愛犬二頭の全身にスキンシップをし、頭をくるくるなでると、愛犬は尾がちぎれるようにふり続けます。心身が爽快で幸せを実感します。

第二章

定年後を盛春にする十大原則

定年後の人生は、余りものの余生ではなく、恵みを与えられた「与生」です。

定年をむかえるまでに、病気や事故などで定年後の人生を楽しめなかった人達も多いのです。

せっかく与えられた定年後の人生です。盛年、盛況、盛運、盛時の「盛」なる定年後にしたいものです。

定年後の人生を盛春にするための十大原則について考えてみたいと思います。大切な毎日を楽しく幸せに生きたいものです。

1．毎日が常に感謝の生活と自覚する

人間は生涯、一人だけでは生きられません。いつも支えられ、助けられて生きているのが現実です。

私は若いころに、奈良の内観研修場と三重県の仏教寺院で、「内観」の修業をさせてもらったことがあります。

内観法の修業の方法は、過去の自分と他者の関係について内省する方法です。次の三点について、他者とのかかわり方について自分の過去の生き方調べをするのです。

1．「してもらったこと」
2．「迷惑をかけたこと」
3．「してお返しをしたこと」

例えば、両親について自分の過去の生きざまについて身調べをするのです。身調べの相手が、家族、友人、先生、会社の人達など次から次と相手

の方が移動して、私自身の過去の生きざまを調べあげるのです。

修業の日数が増加するにつれて、私がいかに罪深い生活を続けてきたかに気づき、呼吸が苦しくなるようになりました。私は救急車を呼んでもらって病院にかつぎこんでもらいたくなりました。

何故、私の呼吸が苦しくなったかと言えば、あまりにも「してもらったこと」と「迷惑をかけたこと」ばかり多くて、「してお返しをしたこと」が皆無にちかいことに気づいたからでした。

この罪深い私の過去の生き方は、両親に対してばかりでなく、全ての他の人間関係においても同じ状態だったことに気づきました。

この罪深い私の現実を知り、少しでも、「してお返しをする」この方向で生きねばならないと知りました。

同時に、幸せであってあたりまえと思わずに、幸せにしていられるのは他者、他方面からの支えのおかげと、常に感謝しなくては、本当の幸せ者にはなれないと思うようになりました。

定年後人生を盛春にし、幸せに生きるために大切な原則の一つは、常に感謝の生活を自覚していることだと、老いた今、強く感じています。

2．盛春を謳歌して老いの花をひらく

定年後になっても、やりたいこと、やらねばならないと思っていることは、各人各様にあるはずです。

定年になったら、人生が停止することは決してありえません。人生が停止するのは心臓が止まり、呼吸ができなくなった時です。肉体が活動し、心が働いている間は、バリバリの現役で、定年後人生の活動期です。

私の起床と就寝時間は、よほどの突然の仕事などによる変動以外は、三百六十五日一定しています。一分のちがいもないくらいにリズミカルな生活をしています。三度の食事時間と、食事内容も、ほとんど変化はありません。

人間の心身の健康の維持と増進はリズムよく活動することが大切だと、私なりに確信しているからです。

定年後人生は、退屈だ、何もやることがない、テレビだけが友達、食べものの飲むものが美味しくない、どこも行きたくない等と、毎日の生活が溜息の連発では、定年をむかえられずにこの世を去った人達に申し訳ありません。

ぜひ定年を謳歌し楽しみ、老いてなお、自分なりの人生の花をぜひ咲かせたいものです。

私はテレビを見て新聞や雑誌などを読んでいると、私などは、これまでたいしたことをやっていないと痛感することがしばしばあります。私を鼓舞する刺激的なニュースや報道に接するのです。

世の中には偉大な人物が多いのです。私は恥ずかしくなり、これではいけないと思うのです。少しでも今からでも、老いていても、レベルを高めて、偉大な人たちに少しでも近づきたいと思えてきます。

このように感じると、定年後人生の毎日もそれなりに緊張感もあり、充実感もわいてきます。私なりに前を向いて生きようとする意欲がおこってきます。

私は夢の中なので、何かを感じ思いついた時に、ベッドの頭の近くに置いてあるメモ帳に忘れないうちに書きとめることにしています。定年後の人生に何か新しいわくわく感がおこってきます。

私は新聞などで伝えられるベストセラー本のランクに入る新しい著作を執筆したいと今も夢をえがいています。

実現は、なかなかむつかしいとは思ってはいますが、老いてなお夢の花の開花を念じている自分に声援をおくっているのです。夢をもっていると、老いていても心の躍動は青少年のようです。

ありがたい、定年後人生が与えられているうえに、感謝して、毎日を大切に生きたいと思っています。毎日が退屈どころか、うきうきしています。

3. 縁を大切にして感謝していかす

人生は縁により新しい日常の展開が始まることが多いものです。じっと縁を待つのも一つの方法で、その縁に感謝して新しい人生を開くのも良いことです。

一方で、縁は自分の方からつくりだす発想と努力も大切だと私は考えています。

百パーセント縁だのみだとすると、良縁に出会っても、そのチャンスに気づかずに見のがしてしまうことが多いと思います。

縁に出会える機会をつくりだす努力が自分の方にないと、縁に会えないし、良縁を発見できない、良縁を育てあげられないように私は日頃から考えています。

私自身、進学、就職、結婚など人生のターニングポイントの重要な時期には、自分の方から積極的に縁さがし、縁つくり、縁育てに挑戦しました。

例えば就職のケースでは、自分から入社を考えている企業の人事部長に突撃訪問しました。

まだ指定校に入っていない段階でした。一部上場企業で多くの難関大学の学生が入社試験を受けていました。結果は私の出身大学が指定校になり、私は合格しました。

結婚も、学生時代から喫茶店でコーヒーを楽しみ雑談する女性、ダンスホールでダンスをする女性はいました。入社後も映画を見に行く程度の女性もいました。それでも結婚する女性と、話し友達は別です。

二十六歳くらいになり、積極的に結婚を考える人をさがしだしました。お見合いも幾度もしたのです。結婚を真剣に考えられる女性に会うまで根気強く挑戦したのです。

人生を左右する重要な時期になったら、縁を自分からつくりだし、その縁のなかから良縁に発展させる意欲と努力が必要です。

努力なしに、縁を待っているだけでは、良縁に出会う機会は少ないと思います。

職さがしの時は全力で挑戦しないと、後で後悔することが多いのです。結婚も良縁を待っているだけでは婚期をのがし、これも後悔することになりかねません。

定年後人生も同じだと考えます。人間関係とか仕事、さらに奉仕活動など、定年後人生を幸せにおくる各種の縁さがしも大切です。定年をむかえると、社会とのつながりが弱くなり、孤独になる危険があります。だからこそ、現役時代にもまして人間関係を大切にして、自分が忘れられた人間にならないことです。

私は大切な人には、私の定年後に執筆し出版した著書を元気でいますと報告し、無料でプレゼントしています。

人間は忘れられてしまうと、縁がつながりません。定年後人生は縁を大切にして生きたいものです。

暑中見舞とか、年賀状などを送るのも良い方法だと思います。手書きのハガキを受けとると喜しいものです。

4．今日も生かされて活きる幸せ感

私たちは誕生からこの世を去るまで生活しています。この生活を生存しているとは言いません。この「生活」は、生命、生態、生死の「生」です。生きていること、命があることの意味です。「活」は、活動、活用、活躍の「活」です。

すなわち「生活」は生命が活動していることになります。

一方、「生存」は、生命が存在していることになります。

病気で床についていない状況で、ただ命がある状態で、ぼんやり退屈な生き方を連日つづけていることがあるとすれば残念です。

定年をむかえることなく、病気や事故などで、不本意にこの世を去った方に申し訳ありません。

定年生活をおくれる幸せに感謝しながら、毎日の一日を大切に、命を活用して、自己実現と社会貢献をめざして生きたいものです。

若い時ほどに、体を動かせることは不可能です。それでも年齢、体力に応じて、活動的に生活したいものです。老いても、自己実現と社会貢献できることは幸せなことです。

5. 苦楽して人生の味を楽しむ

苦しみと楽しみを共にして生きるのが人生です。何かを求めて生活すると、かならず苦しみと楽しみがあります。

振り返って若いころを想い出してみると、例えば学校受験の時です。受験校に合格するためには、辛く苦しい入試準備の勉強が当然あります。

こんなに苦労してまで挑戦するのかと、あきらめようとする心がわきおこってきます。それでも考えなおして挑戦します。合格した時の喜びや幸せは表現できません。不合格になっても挑戦した満足感、体験は人生の良い想い出になり、自分が成長した実感の幸せがあります。

人生をあゆむうえで、目標とか夢が大きければ、それに比例するかのように、苦楽の大きさがあります。

この苦楽を実体験することは人生の味を楽しむことになりそうです。

私は小学校低学年の時に、第二次大戦の終戦をむかえました。戦中戦後に子供時代をすごした私は、子供時代に美味しい食生活をした体験がありません。栄養失調にならない食生活で大感謝の時代に成長しました。

私は高齢者になった今、子供時代の食べものを思い返すと、毎日三度の食生活が正月以上の食べものです。貧しい食生活の体験があるから今は感謝の美味しい食べ物の連続になります。

生涯にわたり、高級食材の美味しいものを食べ続けていたら、毎日の三度の食べ物に感謝する程度が少なくなります。貧しい食生活の体験があるから、本当の美味しさが実感できていると思えるのです。

子供時代に病弱で大病を重ね死線をさまよった体験により、健康である今の幸せをかみしめて感謝しています。

苦と楽を体験し、かみしめて味わうことにより、人生の真の味を知ることができそうに今、私は考えています。

定年後の人生も苦楽の味をかみしめて、人生をすごせたら幸せです。そのために、自己実現や、社会貢献の目標や夢を可能な限り大きくもって生活したいと思います。

6．想念を高めて今日も前むきに生活

「想念」はこうありたいと想像して念ずることです。「偏差値」はもともとテストの個人の得点が全体の中でどの程度の水準にあるかを示す数値で、五十を平均値として、五十より高ければ高いだけ学力があると評定する方法です。

私は進学校で、英語教師をしていました。その時に、数多くの教育分野の著書を出版していました。

その著書の一つに『想念偏差値合格法』に関する受験生向けの出版をしたことがあります。

内容は、受験生が常に気にしているのは、「学力偏差値」です。自分の偏差値の高さにより、合格可能大学は示されるからです。志望大学の偏差値の数値と、自分の学力の偏差値をみて、受験大学をきめます。

私は、著書の中で、学力偏差値を高める基本は、まず自分のどうしても

志望大学に合格したいと思う偏差値を高める努力をすることだと強調しました。

専門性を高める意欲、なりたい職業、あこがれの大学での生活などをイメージして勉学にはげむうちに、いつのまにか学力偏差値が高くなってきます。その結果として志望大学合格という夢が現実化してくるわけです。

合格祈願のために神社、仏閣で、想念偏差値を高めることも意義がありますが、学業意欲もなく、合格願望もひくい状態で神仏だのみの祈願では成果は望みひくいのは当然です。

私は教室での授業中に、想念偏差値の話を生徒によくしていました。私の考えに納得して実践する努力をした多くの高校生は、驚異の成果をあげ難関大学に合格していきました。

また、私の著書を読んで顔も見たことのない全国の浪人受験生から、感謝の手紙が送られてきました。浪人中に私の本を読んで、想念を高めて勉強し、志望大学に合格したという感謝の手紙でした。

私は、自分の定年後人生も、ありたい自分の定年後の夢を少しでも現実化するために、社会に貢献できそうな著書を一冊でも多く世に出版したいという想念を忘れずにいたいと思っています。社会奉仕活動など定年後人生においても私のやりたい想念はいくつもあり幸せです。

定年になって、退屈でやることがない、テレビだけが私の友人、食欲もない、外出はめんどうといった生活は、今のところ私には無縁です。

7. 毎日が新鮮な喜びの誕生日

私にとって、誕生日は毎日あると最近つよく感じています。世間での通念の誕生日は生涯一度きりです。当然ですし、この通念を否定する根拠は何もありません。そのうえで、定年後生活をしている私にとって、「毎日が誕生日」という意識が強まっています。

若いころに、「一日一生」という言葉を見たり聞いたりすると違和感や、抵抗感がありました。高齢になり定年後生活をしている私にとって、違和感、抵抗感どころか百パーセント「一日一生」感に納得です。

三百六十五日、一年中、毎日の時間数は二十四時間ですが、まったく同じ生活内容をくりかえすことはありません。社会状況の変化とか、私たちの個人的な環境は日に日に変化します。今日の一日と明日の一日は同じではないのは明らかです。従って、「一日一生」とか、「毎日が誕生日」といった実感は誰にでも納得可能になります。

元気に朝をむかえられたら、ありがたいことです。今日も誕生日だという喜びの感動です。

私は朝、明るくなり、庭に出ると、庭木や鳥たち、さらに愛犬二頭に、「おはよう」「今日も楽しく感謝して生活します」と、朝の挨拶をします。すると、愛犬二頭が庭にある犬小屋からとび起きて尾をちぎれんばかりにふりながら私に近づいて来ます。私は犬たちの頭を両手でくるくるなでまわします。犬たちは全身を私の体にすりよせて尾をふります。

新鮮な今日一日の誕生日のはじまりです。感謝の定年後人生の一日のスタートです。

8. 至福生活は心の中から創造

食べ物や飲み物の味を感じるのは、舌や喉だけではなく心もあると思います。空腹の時に口に入れる食べ物や飲み物が満腹時よりずっと美味しく感じます。カラカラに喉がかわいているとコップの一口の水が命の水として美味しいものです。

至福はこの上もない幸福です。私は中学一年の時に大病を重ねて、毎日が死線のつなわたり状況でした。

朝になって太陽の光が私と病床の窓を照していることを実感すると、今朝も命があったのだと感謝、感動の涙を流したものでした。

その時の至福感は、半世紀以上の時間が流れた今も鮮明に記憶していま す。「生命あってこその私の人生」という体感は、その後の私の人生を支えています。

「今日、私は生かされている」という幸せ感、感謝の心は、私が生きぬく原動力になっています。

生命あって生きている現実の生活にまさる幸せはありません。いくら財産があり、名声があっても、いま生きている現実にまさる喜び幸せはありません。

だからこそ、「今日一日に感謝し、長く生かされている現実に感謝し、定年後人生の一日を至福の時にしたい」と考えています。

感謝、感謝の心を大切にして、毎日を楽しく幸せにおくりたい、そのように努力したいと私は考えています。

退屈だ、何も楽しいことはない、定年後人生なんかと不平不満の連発で毎日をすごしていては申し訳ないと思います。

長く生き続け、定年後の人生を楽しみ味わいたかった人達も多くあったはずです。

心のありようから定年後の至福人生は創造されると思います。現役時代の地位とは関係なく、全ての人の定年後に至福の機会はあるように思えます。

9. 少しでも社会に貢献したい

これまでの長い人生で、無数の有形無形のお世話になり、迷惑をかけ今ここに私は生かされています。世話になり迷惑をかけずに生きられる人は広い地球上で一人も存在しません。万人が何の疑問もなく認める事実です。

私の努力で今ここに生きておれる訳はありません。

毎日、生まれた時から、各方面の人達にお世話になり、ご迷惑をかけて支えられて生き続けられたわけです。実にありがたい現実です。

お世話になり、迷惑をかけ続け、何のお返しの努力もせずに私の人生が終了したら、申し訳なく、罪深いことです。

私のこれまでの経験や知識などたいしたことはありませんが、少しでも活用して、他者のため社会のために恩返しの真似ごとらしきことでも実践したいと思っています。

私は長年、教育の世界で生かさせてもらってきました。家庭、学校、社会の各分野での教育面の活動でした。

定年後も継続している私なりの活動は、刑務所の受刑者の皆さまの社会復帰と更正のお手伝いをする篤志面接委員、日本在住の外国人の方の日本語修得のお手伝い、子供の教育に悩まれている保護者の方の相談などがあります。

さらに人生観、生き方などをテーマにする執筆と出版活動もあります。若いころとくらべて、体力は劣化しているのは現実ですが、それでも高齢者なりに、楽しく幸せに、精力的に毎日の生活を気持ちよくおくらせてもらっています。「あなたの顔や声は若いですね」と時には言われたりします。

ある時、初めて声を聞く方から、私の名前を指名して電話がありましたので、私が受話器をとると、「息子さんに電話ではなく、お父さんにかわっていただけますか」と言われました。「息子ではなく、本人の私です」と返事をすると、声が若いですねと、受話器の中で声が聞こえました。「テレビ電話でしたら顔も若いです」とニコニコ声で話しました。相手の方も、若くていいですねとニコニコ声で応答がありました。

日ごろの考え方、生き方も楽しくしていたいと実感している今日このごろです。

10. 願わくは涅槃寂静の境地で他界

私の姉と兄は、令和元年に続けて他界しました。二人とも高齢でしたから自然の人生の流れだったのです。私もかならず、他界の時が確実にやってきます。自然の流れで当然のことです。

私は末っ子ですので、姉や兄たち四人すべてがこの世にいません。両親も他界しています。肉親で私一人になりました。

肉親と別れる前後や瞬間も、特別に悲しい涙をながすことはありませんでした。会話も不可能になっているので、じっと手をにぎると、しっかりにぎりかえしてくれていました。

頭に手をおいていると、幸せそうな笑顔がありました。特に死の恐怖におびえている顔つきはありませんでした。私は安心しました。私の両親や姉兄たちは、仏教徒として、かなり深い信仰心をもっていました。落ち着いた心境で死をむかえていました。私も仏教徒の末席にいるので、両親や姉・兄たちのように、静かに心をおちつかせて、幸せ感のうちに死をむかえたいと願っています。私も、幸せそうな美しい死に顔で、縁ふかい人達に接したいと思っています。

高い悟りの境地に達した涅槃、心身の一切の欲望をはなれ、静かに悟りを得ようとする境地の寂静の心境で他界したいと願っています。この「涅槃」とか、「寂静」の心境で死をむかえられなければ、真の仏教徒と言えないと思います。両親、姉、兄たちは、仏教徒のあるべき姿を実例として、私に示してもらったと今ふかく感謝しています。

私も死に接した時に、両親・姉・兄たちの実例の何分の一でも、私ができることを今は切に願っています。

そのためには、今やるべき、自己実現、社会貢献の夢を追求し、さらに一人の人間として修養をどんどんと重ねなければならないと感じています。定年後も、何かと多忙で、充実して幸せです。ありがたいことです。感謝しています。

第三章

盛春老人の「一日一想」五十話

定年退職しているから、職場に行って働くわけではありませんがそれでも多忙です。

働く意欲、活動する決意があるかぎり私自身の定年はありません。

ぼんやりと毎日が日曜日の生活はしたくはありません。

毎日、何かを考え、行動しているわけです。従って一日一日の生活で思いつくこと考えることがあります。

「一日一想」で定年後人生をチェックしました。

1．生かされて　活きる幸せ　今日もまた

人間は一人では生き続けられません。衣食住の全てにおいて、少し考えれば大納得です。

身につけている衣頼のどれをとっても自分のつくりあげたものは何ひとつとしてありません。頭の先から足の先まで、他の多くの人たちが苦労してつくりあげたものばかりです。

食生活で一日三度お世話になっています。食べものの材料をつくる人、料理をする人など数多くの人達の努力の恩恵で、私たちは栄養をえて生き続けられます。

雨風をしのぎ暑さ寒さから身を守る住居も、建築関係の方たちの協力のおかげです。

私はこの衣食住の全てにおいて、百パーセント、他の人たちの協力、支援をうけて、生活させてもらっています。

病気になった時も医師、薬剤師の方たちに助けていただきました。従って、私の努力、能力によって今まで、生きてこられたわけではないのです。

生かされてきたことに感謝しなくてはなりません。

この他者から受けた恩恵にこたえるべき努力をしなくては申し訳ありません。

恩恵に報いるために、他の多くの人の役に立たなくてはなりません。過去からの恩恵に少しでもむくいる定年後人生でありたいです。

2. 能力は　善用こそが　価値がある

全ての人は何か、どこかで能力があります。何も出来ない人は一人もいません。

その能力を自分のため、他者のために善用したいものです。

せっかくの能力を悪用して他者を不幸にし、自分も不幸になる人も広い世の中に、いつの時代もあります。

頭や体は善用してこそ存在している意義があります。詐欺、万引、窃盗はじめ数多くの悪事があります。悪事を考える頭、実行する体力があれば、それを善用したら、自他ともに幸せな生活に発展する可能性があります。

金品が必要ならば、頭と体をつかって真面目に働いて金品を手にしたら満足ですし、幸せです。

悪事をして得た金品は、いつか警察沙汰にならないかとビクビクしていなくてはなりません。精神的にもよくありません。

頭や体のもつ能力を善用して生活すると、自分も社会も幸せのもとになります。能力善用こそ価値ありです。

若いころから職業、人生体験から得た私なりの能力を、ほんの少しでも善用して社会に還元したいと私は考えています。

せっかく与えてもらっている定年後人生です。私なりの社会奉仕活動を、この定年人生を活用し、少しでも社会に役立ちたいと考えています。

3．全身に　祖先の命　充満す

親のいない子供はいません。父親も母親も両親がいます。両親と両親の父母をいれると六名の祖先が、私の体内にいます。現実です。祖先の数は無数になります。私自身の家系は明白なだけで二十四代と親から聞いています。

実際は二十四代どころではないはずですから、祖先の人数は天文学的になります。

この無限に近い祖先の血が、私の体内に流れこんでいることになります。親は子供の幸せを願っています。祖先も子孫の幸せを願っているはずです。私は幸せです。

無限の祖先が、毎日、私の体内で幸せを願い支援してくださっていることになります。

私は、慈愛の心で私を支援してくださっている祖先の人達を悲しませてはいけないわけです。少しでも喜んでもらえる生き方をしなくてはならないと思っています。

慈愛いっぱいで見守ってくださる祖先の方たちを悲しませることは罪なことです。

私も祖先も幸せでありたいものです。

私は自分の日常生活をチェックして、私の肉体を支えてもらっている無数の人たちを思い、今日も、はずかしくない、申し訳ない生活をしていないか、問いかける習慣があります。

私の体内に充満している祖先に感謝です。

4．利己主義は　自他ともどもに　不幸なり

「利己主義」は自分だけの利益、幸福、快楽を求めて、他人の立場を考えようとしない生き方です。

一方において「利他主義」は他人の幸せを常に考えて言動する生活態度です。

人間は一人では生きられません。他者と協力、強調しあい、時と場合によって、他者の幸せのために自己犠牲もありうるという生き方で、共に支えあって生活しないこと、お互いの幸せは現実になりません。

例えば一つの家庭生活でも親子、兄弟姉妹が利己主義であると、家の中はバラバラで、幸せや笑顔はありえません。

国家間も、自分勝手な言動の応酬では世界平和は実現しません。自他ともに不幸になります。残念ながら人間生活に利己主義が多くみられます。

今朝の新聞をひろげて読んでも、利己主義に思える行動が、世界の各地

でみられます。国家間の争いがたえません。一歩まちがうと戦争に発展しかねません。

人間はどうして、いつの時代も自己主張をくりかえし利己主義を脱出できないのかと考えます。

利己主義により互いに、膨大なエネルギーを無駄にしているようです。互いに利己主義が激突すると不幸の連鎖になります。

地上が恒久平和の地であってほしいです。

5. 人生の　ゴール寸前　要注意

長い人生の旅も、定年をむかえると、しだいに人生のゴールが一日ごとに近づいてきます。日常生活で体調などからも感じます。食べる量もへり、歩く速度もおそくなります。

人生の総決算、総仕上げの年齢にはいりました。「港に入って船をわる」という表現があります。

荒波の中を大航海し終えて波しずかな港に入って船が沈むように、人生の荒波をのりきり、定年をむかえて、人生をつぶすことがあっては無念です。

私の妻は七十五歳で自動車の免許を返納しました。高齢者の運転事故が多発しています。子供たちのすすめもあり、返納しました。人生の最終コーナーの事故で、他者に迷惑をかけ自分も苦難を高齢で背負ってもたいへんです。

私も妻の免許返納に大賛成です。人生のゴール寸前の生活は注意したいと考えています。

社会的に、本人自身も大成功した多くの人が、人生の総仕上げの時期に問題をおこし、社会的信用を失い苦労される実例があります。

運動競技のマラソン中にゴールのテープ寸前で転倒し、それまでの力走が水の泡となって消えるようなものです。人生を走りきるまで注意して生活したいと思うこのごろです。

6. ボランティア　させていただき　幸せに

私が愛犬と散歩中、五十代の知人に久しぶりに顔をあわせました。雑談中に「若い顔で声にはりがあり、幸せそうですね」と言ってくださったのです。「ありがとうございます。毎日がそれなりに忙しいです」と返事を笑顔でしました。「どうしてですか。定年後ですからのんびり人生ですね」と言われました。私は、「そこそこ忙しいですし、楽しく幸せですから」と答えました。

「何が忙しいのですか。執筆活動ですか」と言われ、「それもありますが、ボランティアを少しさせてもらって」と返事したのです。

知人は、「私の父は、毎日が退屈そうですし、ダラダラしています。どうにかなりませんか」と心配そうでした。

私は、「あなたのお父さんは、現役時代にバリバリ仕事をされましたからね」と私は返事をさせていただきました。

高齢になり定年後人生でボランティア活動をさせてもらうことはありがたいことです。

多少なりとも、長年にわたりお世話になった社会に恩返しの真似ごとらしきことが出来る機会をもらってありがたいのです。

私にとって、ボランティアは、させていただいているのです。そのうえで感謝されたら喜しいです。

7. 衣食住　必要以上　なくてよし

戦中戦後の貧しい時代に子供時代をおくった私は、何となく豊かさにあこがれていました。

私は生まれつき物欲が少なく、他者との競争心も弱かったように思います。物をほしがる他者に勝つ意欲がうすかったように感じています。

それでも、豊かさにあこがれて、自分なりに豊かさに向って努力はしてきたように今は感じています。

努力する気がなければ生活がなりたたず、家族を安心させられませんから、それでよかったとは思います。

そのことを納得したうえで、高齢になった今の時点での生活は、「衣食住、必要以上、なくてよし」の心境です。

二人の息子は、大学院を修了し、安定した経済生活で、それぞれ妻子と幸せに日常をおくってくれています。

私は、かなり広い住宅に、妻と二人で静かに幸せに生活している現状ですから、「衣食住、必要以上、なくてよし」を実感しています。

衣類も身につけるものがあれば、食べ物も空腹にならなければ、住居を二人が生活できるスペースがあれば充分と感じる心境です。

高齢になり欲望がうすくなるのは当然で、自然なことかと思っている老いの日常です。

8. 笑顔にて　絆つよまり　幸がます

若い女性のプロゴルファーが世界的に有名になりました。世界の大舞台の試合で突如として優勝したその日本人が、世界の人達の心をひきよせた要因は、彼女の笑顔でした。

「笑顔のシンデレラ」と、世界のマスコミにとりあげられ、彼女のゴルフに対するファンが急増したのです。

笑顔により、多くの人たちが、言葉をこえて心と心が通じたわけです。「笑顔は通訳をする人の助けなくても、心と心が会話できる」ことを証明したことになります。

私も日常生活で、笑顔でいることの大切さを認識しています。笑顔で対応すると、相手の人も心を開いて、会話がスムーズにはこびます。

会話がはずむと、絆も強化され、人間関係も向上することになります。良好な人間関係が強化すると、お互いの幸せ度も増すことになります。

笑顔は言語力をこえた国際的に共通した力をもっています。外国語が理解できなくとも笑顔で、受けいれてもらえる力があることが多くあります。笑顔は言語をこえて、相互理解の手段としての能力があるわけです。老いの人生も、笑顔を大切にして、他者と心をかよわせ、幸せに生活したいものです。

9．苦しみは　至福しるのに　良薬に

人生に四苦八苦はつきものです。一見すると幸せそうな人も苦悩を過去に抱えたり、今も苦しみの中にいる方が普通です。

苦悩を経験しないで人生を終える人は世界中に一人もいません。

昔から「苦は楽のもと」と言われています。この言葉も含蓄がありま す。私は、「苦は至福の良薬」とも人生体験上で考えています。

私なりの体験からも、苦は至福の良薬だったと実感する私の実例があります。

私の子供のころは、病弱で幾度も死線をこえました。毎日が病苦との格闘でした。死の恐怖と共に、若くして、さまざまの人生体験なく他界することが無念でした。私の人生は若くして終わると思うと苦しい毎日でした。

生死を決定する大病は、医師が驚くほど奇跡的に全快し健康体になりました。

全快後の私の生き方は、他者も感動するほどに前向きになりました。健康で生活する幸せや、喜びを毎日、心と体で知ったからです。

生まれてから病苦を知らない人に比較して、健康や生きる幸せをより強く感じているからこそ、毎日が感謝と幸せの生活になります。

病苦は、健康による至福の幸せを知る良薬になり、私に幸せな毎日を増強しています。

10．今日もまた　平和ねがって　ミニ遍路

人間は誰でも例外なしに、幸せになり、平和な生活を願っています。それでも不幸があり戦争があるのは残念です。

子供同士が、口論したり、喧嘩すると、親や大人は注意して、やめさせようとします。当然のことです。

それなのに、親や大人は争い、大きな戦争をおこすことがしばしばあります。

隣に住む人がお互いに犬猿の仲だったり、国際間で長年にわたり争いの状態だったりすることがよくあります。

私は他者と争うことがあってほしくないのです。

私たち夫婦は結婚してから高齢になっても、朝夕に近くの神社や仏閣をまわり、世界平和祈願のミニ遍路を続けています。私たち夫婦、私たちの家族は平和な関係です。

私たち夫婦は結婚後から一度も口論したりしたことは記憶していません。ましてや、険悪な状態になり口もきかなくなったことはありません。

定年後は、普通いつも夫婦で家の中も外出も一緒に行動しています。来客があったりすると、私だけがスーパー等に食材の買いものに行くと、「奥様は」と道中で聞かれたりします。

私たち夫婦は、いつも一緒にいると、近所の人たちは理解しておられるようです。

11. 慈父母より　受けた愛情　無限なり

私は高齢になり、ますます両親に対する感謝の気持ちが強くなっていると感じています。大学入学後、すぐに両親とは同居生活が終了しました。すでに六十年以上が経過しています。両親が他界してから三十年ちかくすぎさりました。

両親に世話になりすごした記録がうすれている部分が当然ありますが、

その中にあって両親への感謝の心が年々強まってきました。

その感謝の私の心が強まってくる主なる理由は、両親に慈愛の心で育ててもらったからです。

慈恩、慈念、慈顔などの「慈」の心で私を育ててあげてもらったからです。両親はまさに「慈父」「慈母」でした。

私は、両親の慈悲心の栄養をたっぷりと受けて育ったようです。この心の栄養はたっぷりと受けて育った幸せ者の私です。

長い人生の中で、私なりに公私にわたり苦悩したことはありましたが、両親からの慈愛の栄養力でのりこえることができました。

人間は「子育ては育てられたようにする」とよく言われます。私は自分の子供たちの養育も、親から育てられた真似らしきことを自然に受けついています。親の力は無限です。

12. 我がいのち　大切にして　今いきる

高齢になると、行動がにぶくなり、頭の働きも劣化してきます。活動範囲もせまくなり他者と行動を共にする機会も少なくなってきます。

私自身も、顔は若々しいと他者から言われることが多いですが、歩く速度がおそくなったと実感します。体の疲労感も増大していると感じます。

夜は充分に深い睡眠をとり、昼寝は三十分程度をとるように日頃から心がけています。

栄養にも気をつけ、食べすぎない心がけ、運動も体力にあわせて毎日する習慣づけをしています。

我がいのちは一つしかありません。機械の部品のようにスペアはありません。唯一無二の私の命を大切にするのは当然です。

この命を大切に活用させてもらって、私の自己実現と社会貢献の可能性を広めたいのです。

従って私は命を重視していますから、危険な行動を極力しないように気をつけています。

道を歩く時も、交通事故にあわない配慮を神経質なくらいしています。水害などにもあわないように、危険性のある川などにも近よらない等をしているのです。大切な命に留意しながら、定年後人生を充実させ、楽しく生きたいと思っています。

13．受けた恩　お返しせずに　与生おえ

長年にわたる私の人生で、各方面から受けた恩は無限です。

私がこうして誕生から八十路の人生を幸せにおくらせてもらっているのは自分の努力はわずかで、他から与えられた無限の恩のおかげです。この事実を忘れては、真の幸せ人生は遠くへいってしまいます。

浄土真宗の親鸞聖人の有名な歌に、毎日の人生を大切にすることの重要さをうたった短歌があります。

明日ありと思う心のあだ桜
夜半に嵐の吹かぬものかは

桜の花が明日も咲いていると思っていても、夜中に嵐が吹いて花が散ってしまっているかもしれないと表現しています。

そのうちに、お返しをしようと思っていても、与生に無限はありえません。今夜に与生の命が急につきるかもしれません。

明日、あすと考えずに、今日できうる恩返しをしておきたいものだと、私も感じています。

夏休みなどの宿題も、明日やればよいと連日すごして、後悔した記憶が幾度もあります。

人生の恩返しも、可能な限り実現したいと思います。あます与生はあまりありません。

14. 幸福は 増幅すると 意識して

世間一般の考え方、みかたから判断すると幸福な人生をあゆんでおられる人も、本人自身は幸せ者と考えていないケースがあります。

生があるだけで、幸せ者と思い、感謝、感謝の生活をする人もいます。同じレベルの生活環境でも、幸せ度、不幸度にも大きな差異があります。

例えば食卓に並べられる飲食物を口にする時に、おおいに幸せ、まずまずの幸せ、不幸など格差はかなりあるはずです。

その差異の原因は、好物か否かもありますが、日頃の人生観とか生活観の格差が主なる要因と考えられます。日常生活で、小さなことでも感謝する心をもっていると、同じ状況でも、他者より幸福はまちがいなく増幅しそうです。

その意味で、私流に考えれば、私は貧しい時代に子供時代をすごしたこともあり、今は物質面で幸せ感が強いように思います。

食生活でも毎日が正月以上の生活です。

現在、平和で豊かな時代に生まれ生きている子供たちは、食生活における幸せ感は私たちの時代の人間より少ないのではないかと想像します。人間が幸せ感を増幅する秘訣は、感謝の心を意識して強化することと思えます。

15. 親の愛　いつも体内　定住す

親の慈愛は生存中も他界後も、常に私の体内に存在していると実感しています。

私は起床と就寝する時も胸に両手をあて、両親に感謝の心を伝えています。両親が私を見守り、支えていることを体感して毎日をすごしているからです。

私は日頃の言動を自己チェックする方法として、両親の慈愛を裏切る生活をしていないか考えています。

もし裏切る言動をすれば、両親を悲しませることになります。他界している両親に親不孝をすることになります。

逆に両親を喜ばせ幸せにする言動をすれば、他界している両親に親孝行していることになります。

親に対す子供の孝行も不孝も、親がこの世に生存している間も、他界後もありうるわけです。

私の心身は、両親の存在からなりたっているわけですから、親孝行も親不孝も、親の生存中も他界後も当然ありうるわけです。

親の慈愛は私の体内にいつも存在しているとする実感と幸せ感は、定年後の私の人生をゆたかに幸せにしてくれています。

親の慈愛を、姿が見られない今もなお実感し、幸せを感じている私は、実に幸せ者です。

定年後人生を充実させ、幸せに生きようとする私の原動力の一つは、両親の慈愛の力です。

16. 助けられ　守られ生きて　今日がある

今までの私の人生、八十余年間、各方面から、無数の人達に助けられ、守られて今ここに生存しています。

超未熟児で誕生し、大病を重ねて幾度も今日、明日に命がなくなるという体験をしました。その間、医師、薬剤師はじめ医療関係者の方々に助けられ、守られてきました。

両親、家族の愛情ふかい日夜にわたる加護をうけ生活を続けてきました。教育の面からも小学時代から、中・高・さらに大学時代まで、無数の教職員、学友の人達に支えられてきたのは確かな事実です。

食生活でも、顔を見たこともない農家の人や、魚業関係者、食材を調理する料理人、母親などがあります。私の口の中に入り栄養となるまでに数多くの人間の世話になり、私が生きられたわけです。

このように、私が今ここに生き続けられて定年後の人生を楽しめるのも、無数の人達に助けられ、守られてきた結果です。最低限、感謝、感謝の老いの人生でなければなりません。

可能な限り、私は、感謝の心を忘れないで社会に恩返しの努力をしたいと思っている定年後の老いの人生です。

17. 乞食して　食べた感謝の　味のこる

私の年代で、特に田舎育ちの人に大学進学は、まずなかった時代です。特に大都会で下宿して大学で学ぶことは考えられませんでした。私の住む田舎では、それまで一人も大学に進学した者はいませんでした。

私は高校三年になり、自活して大学進学することを、両親に懇願して、大都会で下宿しながら進学したのです。

田舎者の私が、大都会で、学費や生活費をかせぎながら日中に大学で学ぶことは至難でした。

入学後、幾日も大学での授業終了後、収入をえる安定した仕事先を深夜まで探しまわりました。残念ながら空腹状態で探しまわった結果はよくありませんでした。

空腹と、心身の疲労が重なり、下宿で二日間、大学に行けなくなりました。学友、三人が下宿に来て心配してくれました。「病気」と嘘の言い訳をしました。三人の学友は、病気がなおったら、仲よく勉強しよう。待っていると言って帰りました。

しばらくすると一人が舞い戻って来ました。「薬がない病気とちがう」と言いました。

私は空腹のこと、苦学生のことを正直に伝えました。下宿の近くに住む彼は、収入先がみつかるまで、無料で食べさせてくれたのです。

18. 争わず　和の心にて　今いきる

聖徳太子の『十七条憲法』に「和の精神」の重要さをあげています。すなわち「和を以て貴しと為す」と言うことです。

他者との和がなくして、平和で幸せな生活はお互いになりたちません。しかし、残念ながら現実は世界の各地でいつの時代も争いがたえません。大切な人の命や文化財、資産などが失われ続けます。

家族間でも親子げんか、夫婦間の不和、兄弟姉妹の不仲がしばしば現実にあります。家の中が口論、争いの戦場化しているケースがあります。争わずに、相手の言い分、立場にも耳をかたむけて、互いに幸せでありたいものです。与生が長くない今、和を大切にと思います。

私は小学生の低学年時に、終戦直前でした。学校から自宅に帰る途中にグラマン戦闘機から二度にわたり機銃掃射をうけました。

私の妻は幼少期に家が戦火で焼失し、父親も爆撃で死亡しました。妻は父親の顔も覚えていません。

母親と二人で悲しい辛い子供時代をおくったのです。

私は結婚がきまった時、妻と母親を幸せにする責任があると決意したのです。

三人が仲よく同じ屋根の下で、和の心を大切に感じて生活をしました。幸せでした。

19. 今こそは　自分育ての　最好機

人生の最終コーナーを生きている八十路生活は、自己育成の総まとめの時期です。大切に真剣に毎日の生活を少しでも充実させたいものです。

いよいよ死をむかえた時になって、「満足とまではいかないが、心残りはあまりない人生だった」と、思える人生のしめくくりをしておきたいと願っています。

体力、気力は、まだ残っています。他の人が私の日常生活をみて、「若いですね」「元気ですね」と言ってくれます。ありがたいことです。

今こそ、自分育ての最好機と自覚して、大切に毎日をおくりたいと願っています。

定年後は、何もやることない、退屈、あくび連発、テレビが友人、食べ物が美味しくない、外出したくない等と言われる高齢者に出あうことがあります。

私は、働き盛りの頃のようには、体が動きませんが、それでも、かなり多忙です。やりたいこと、やらねばならないと思うことが相当あり、幸せです。

自分なりの一生をしあげたい、自分育てを私なりにやりとげたいと願っています。気力や意欲があるうちが好機です。

20. 人生で　いつも最高　感謝して

高齢の方と会話していると、いくつかのタイプの人がおられます。そのうちの三つのタイプを考えたいと思います。

（一）昔は良かった、若いころは良かった。今は駄目、何も良いことはない。

（二）世の中は悪い、知人や友人で良い人はいない。

（三）自分の人生はつまらなかった。楽しいこと、幸せはなかった。

これら三つのタイプは、ネガティブな発想で人生全般を否定的です。不幸を自分の方からつくりだしているようにさえ感じます。

一方、次のような発想で老後をおくっている人もいます。

（一）自分は多くの方面や人たちから支援され生き続けてこられ、今がある。

（二）過去の生活で、幾度もピンチがあったが、何か不思議に脱出できる好運があった。

（三）過去の無限の支援と、好運に感謝して社会や他の人達に恩返しをして老後を生きたい。

このタイプの人は、ポジティブな老いの人生です。人生全体を前向きに、今を可能な限り感謝して、最高に生きる、幸せな人です。

21．楽しさは　自分育ての　努力する

毎日の生活を幸せに楽しくする方法は、自分の人生開拓の可能性を、体力や気力の続くかぎり、追求することです。

過去の私自身の人生を振り返ってみると多くのことがありました。

まず病弱の体を健康にして、生きる力をつける挑戦がありました。高校、大学への受験をおえると、就職受験です。

これらの受験に成功しないと私の生きるための人生がはじまりません。結婚し子育てをとおして、家族の経済生活、幸せを守る努力です。

私の方から考えると、私が努力しないと何も成功は期待できません。本人の努力がまず重要です。

しかし、振り返ってみると、その努力は楽しい想い出です。幸せ人生の基本でした。

自分育ての努力をしないで、自分の人生はつまらなかった。何も良いこともなく不幸だったと、ボヤキ人生を連日すごしていても不幸のつみかさねになります。

定年後の老いの人生も同じです。つまらない、楽しくないを連発していてもはじまりません。

定年後人生を楽しく幸せにするコツは、毎日、自分なりの夢とか、やりたいことを追求することと私は考えています。

22. なつかしい　苦楽体験　いま宝

長くて短い人生には、それぞれの人が内容とか程度の差異はあっても、皆が例外なく苦楽を体験します。

自分がつぶれそうに感じる苦悩もありえます。自殺を考えるような深く強い苦もあるかもしれません。

学校を不登校になったり、職場を放棄して家族もちの中年男性が家にとじこもったり、長い私の人生のなかには自殺した知人もいました。

私自身も、自律神経失調症に苦しんだことがありました。

医師から処方薬をもらって服用していましたが、かなりきびしい修業で有名な仏教寺院で一ヵ月間すごしました。

その間に、処方薬は一度も口にしませんでした。自分を真剣にためそうと考えたのです。

修業中、つらくなり倒れそうになりましたが、とにかくやり続けました。

すると不思議なことに三週間、集中して修業しているうちに気分が良くなりだし、体調が回復しているのを実感しだしたのです。

そのうちに、意味もなく全身で笑いがこみあげ、顔色もよくなりました。一ヵ月の修業で体調が良くなりました。

苦しんだこと、修業したこと、体調が良くなり自信がついたことは、私の今の宝です。

23．朝めざめ　今日も感謝の　生活を

子供の頃に私は、大病のため、明日という日はないかもしれないという心配が続きました。

朝、目覚めて、目をこすると、私は自分の家の中にいることを知り、感動しました。生きていたと感謝し、手をあわせているうちに涙が頬をつたって流れていました。

朝がきたら、まちがいなく目が覚めて、一日がはじまるのは当然ではな

いのです。

その子供のころの体験から、毎日毎日を感謝して生活をするのは大切な人の生活だと気づきました。

そのためもあり、結婚後も、朝の起床時に妻に、「おはよう。昨日ありがとう。今日も楽しく協力して生活しよう」と、話しかける習慣になりました。

洗顔後、両親の写真がある仏間で、正座・合掌し、「今日を感謝の生活を心がけます」と、朝の挨拶をします。私と妻の両親の写真は笑顔で声援してくれているように、私と妻の目にはうつります。

世界中には、病気、貧困、戦争などによりさわやかな朝をむかえられない人達がいます。私たちは、幸せを独占しては申し訳ないとささやかな寄付金ですが、年間で数回、ユニセフ等に送金しています。

24. すべて縁　考えようで　ありがたい

縁は考えようで、良い縁も、悪い縁もその縁を得た時点であると思います。

例えば、私に関する縁で、当時に悪い縁と思えたものは、子供時代の大病です。さらに大学生時代の貧困による苦学生の体験です。

しかし、苦悩した当時に不幸な縁も今となって感じるのは良縁になったということです。

病苦は、健康の大切さを実体験で知り、健康増進に留意したこともあり、八十路の老いの人生を幸せに楽しんでいます。

貧困体験により、学費と生活費をえるために深夜まで働いて、昼間は大学で学習したことにより、生きる力をつけることが出来ました。社会人として生き抜く力がつきました。

この二つは悪縁に感じていましたが、結果として良縁になりました。

はじめから良縁だったこともあります。慈愛いっぱいの両親の子供としてこの世に生をうけたこと、妻に恵まれ、結婚後、口論もなく、幸せな生活がおくられていることなどがあります。

二人の息子も成人して社会人として活躍し、親思いである等、良縁も数多くあります。

すべての縁は考えようで、良縁になりうると考えています。ありがたいことです。

25. 毎日が　生涯一度　再度なし

「一日一生」という言葉があります。一日づつの積み重ねが一生につながりますが、一日は一生の縮小時間でもあります。

いずれにしても「一日一生」は含蓄ふかい表現です。毎日の一秒一秒が過去の時間になり、再度くりかえされることはありません。毎日の一秒ごとが生涯一度の時間になります。

このように考えると、毎日が生涯一度の生活になり、再度、まったく同じ日はくりかえされません。

現役時代は職場での仕事、家庭では子育てや子供の教育などで多忙で、いずれも責任重大でした。毎日が生涯一度で再度なしという実感が頭の中でわきおこってきませんでした。

定年後になり、自分なりの時間ペースがあり、少し心の余裕がうまれたこともあってか人生を落ちついて考える時間がふえました。

いよいよ人生の最終コーナーを生きていることを実感すると、この瞬間は再度こないと思うと、もっと自己実現、社会貢献しないといけないと痛感しています。

新しく、私の住む市内の外国人の日本語学習のお手伝いをすることにしました。日本語習得に少しでもお役にたてば、私も喜しいし幸せだからです。

26. 苦労ありのりこえたあと　幸が増す

私は子供の頃に親から「苦労は買ってでもする」その姿勢が大切と聞いたことがあります。小・中時代は、その意味がよく理解できませんでした。

大学入試をむかえ、自活して大学を卒業すると決意しました。

苦労を買って大学を卒業するという発想ではなく、家の貧困、それでも大学へ行きたいという事情からでした。

さて、大学生にはなったが、昼間に大学へ行きながら、学費と生活費をかせぐことは難題でした。

私のような片田舎者が大都会で、入学直後にすぐ大問題を解決することは不可能でした。

私は大学での授業が終了すると収入がえられる仕事さがしに走りまわりました。しかし成果がなく、空腹で倒れそうになりました。

幾度か、それまでに話をしたことのない家のチャイムを押し、一度だけ夕食を無料でさせて下さいと、学生証を見せて懇願しました。ほとんどの家が、私を食卓に座らせて、おかわりをさせていただいたのです。

裕福な家の大学生は、留年する者もいました。

私としてはそれなりに苦労しましたが、留年なしに卒業しました。一部上場企業に就職した時は、喜しさ、幸せ感が強かったと思います。

27. 足もとに　いつも好機　ありそうだ

米国の大富豪カーネギーの有名な言葉は数多くあります。その中の一つに「好機に出会わない人間なんぞ一人もいない。それを捕え得なかったまでだ」があります。

好機は大小さまざまに身近に存在していると思えます。好機をものにするか否かは、日常生活しだいに思えます。

発明、発見をする人は、いつも科学的好奇心をもって日常生活をしています。経営で成功する人も同じです。

どの分野でも興味や関心をもって生活する人は、好機を発見し、育て、成功しています。

一般の無名な家庭婦人が台所用品、調理器具で実用新案の権を取得する人もいます。毎日の調理する便利さを、心がけている結果です。

私もささやかながら、日常の成果らしきものがあります。

子供の頃から読書好きでしたので、自分も著作して書店に並べたいという願望がありました。

文章教室などで指導をうけたことはありません。念ずれば花ひらく、何度も、出版社に原稿をもちこんでも、門前払いにあいましたが、今日現在、紙の本、電子書籍で二十九冊を世に出しました。足下に書きたいテーマは山積しています。

28. 世のために　恩返しする　高齢期

この世に生をうけ、定年後生活になっている今まで、世の中の多くの人達から無限の恩のお世話になってきました。

私は定年に入る前に、定年後に人生の生き方の一つの大きな柱に、お世話になってきた社会や人達に、ほんの少しでも恩返しの生活をしたいと願っていました。

その、ささやかな恩返しの具体例として刑務所で受刑されている方たちの更生と社会復帰のお手伝いをすることを考えて実行しました。

近年、多くの外国人が日本で生活をされています。

その方たちの日本語力を高めるお手伝いをするのもありました。外国で貧困と病苦に苦しんでおられる方への、ささやかな資金支援。日常生活で接する人と、笑顔でさわやかな会話を心がける。世界平和を祈願して、毎日の朝夕に、近くの神社・仏閣に行きミニ遍路をする。

私の今、考えて実行している恩返しは、ささやかすぎます。もっと、私なりに実行可能な方法はないかと考えています。

お世話になった社会や人達の恩は大きすぎて、とても、お返しできるものではありません。

それでも高齢期に恩返しの心がけをして生き、後に悔いを少しでもへらしたいのです。

29. 無駄なこと　人生行路に　なさそうだ

私は大学卒業後、三年間、民間会社で海外貿易業務の仕事をしていました。その間に一度だけ心臓が止まりそうな大失態かと思われる経験をしました。

仕事が多忙で、なれないこともあり、注文をうけて輸出する商品の船積みの手配が忘れていたことに気づきました。

私はあわてて、船会社に電話しました。月に一度こそ船が出ないことを知り、しかも船出日が近づいていたのです。普通、早め早めに、輸出品とその量を船会社に予約すべきなのです。

私が計画していた輸出品の量が、すべりこみセーフで積み込みが出来ました。後で聞くところによると、私が予約を終えてから、一時間もしないうちに、他社から予約依頼の連絡があったようです。

買い手に約束したとおり、商品がとどかないと、売る時期をはずし、買い手が大損害をうけることがあります。輸出業者が、その責任をとらないといけないことにもなりかねません。

私はそのにがい経験から、仕事は予定より早く手配しておく習慣がつきました。大失態につながる言動をくりかえしたくないからです。人生行路も用心して歩みたいものです。

30. 老いてなお　心ゆたかに　おくりたい

同じ内容の生活水準でも、幸せそうな言動の人と、逆の不幸そうな人がいます。

また、常に感謝の言葉を発する人と、不平や不満を言い続ける人がいます。

人間は誰でも欲望があります。それでも強欲に支配されると、悩みがどんどんと深くなります。

老いてなお、老いるにつれて、ますます強欲がつよくなる人もいます。

地位、名声、財産、最後には死にたくないという欲望に支配されます。

しかし、現実は、欲望を満足させられる結果はそんなにありえません。

欲望は努力をうみだす要因にもなりますから肯定される面もありますが、強欲は人生を駄目にする危険性があります。

老いたら、自分中心の発想の欲望を小さくする心がけが必要になると思います。

今に満足、今に感謝の気持ちを強めたいと考えます。のんびりと、心ゆたかな、さわやかな生活をおくりたいものです。

自分に対する願いを少なくし、社会や他者の幸せへの願いを強めて生活することにより老いの人生は心ゆたかさが増してくるように最近かんじています。

31. 小さくも 一善をして 今日おえる

私は子供の頃から犬が大好きな人間でした。

私の人生で犬がいなかった時はありません。子供のころから柴犬、秋田犬をずっと飼っています。

現在は柴犬の母親と、その息子の二頭がいます。二人の息子は結婚し家族と仲よく生活しています。

仕事の関係もあり、私と子供家族とは離れた所に住居をかまえていますから、愛犬の柴犬二頭は、私たち夫婦にとっては家族のようです。毎日、私と妻、柴犬の親子は仲よく朝夕かならず散歩を楽しんでいます。散歩中、道路のあちらこちらにタバコの吸い殻や空き缶がころがっていたり、犬の糞が置きざりになっています。私たちは準備したビニール袋に入れて、持ち帰り処理をします。たったこれだけの小さなことでも、実行すると、少しさわやかで幸せな気持ちになれます。

私たち人間は互いに、さわやかに気分よく生きたいものです。口論したり暴力沙汰の争いは決してしたくありません。

私は子供のころから争いや、けんかを避けた生活を心がけてきました。勝っても負けても、気分は悪いはずです。

たとえ小さくても、他者や社会の幸せにつうじる善行を心して生きたいと思っています。

32. 往生は　誕生をする　ありがたさ

往生は死亡することです。

仏教的には、「往生」は、この世で死亡して極楽浄土に生まれ行くことです。「生」まれ「往」ことになります。

この意味において、大変、幸せでありがたいことです。地獄に生まれかわりに行くのなら悲しくつらいことですが、極楽浄土に生まれ行くのでしたら嬉しいです。

私は末席ながら仏教徒ですから、素直に信じたいです。他者から、素直すぎないだろうかと言っていただいても、私は確信にちかい考え方をしています。

かならず人間はいつか死亡します。どんなにか財があり、地位があっても死をむかえます。

その人間が地獄ゆきではなく、極楽ゆきを信じていることは幸せなことです。

だから、私にとって、「極楽に誕生すると信じられることは幸せで、ありがたい」のです。

私は両親、兄や姉たちが、すでに極楽で私を待っていてくれると思うと嬉しいです。妻や子供、孫たちもいつかまた極楽で再会できると考えると楽しいです。

このように考えている私は、死を必要以上に心配も恐れてもいません。今日一日を大切にしておくりたいと考えています。

33．延命を　無理やりせずに　自然体

いつか人間は誰でも死をむかえます。死の確率は例外なく百パーセントです。

老いて病気になり、高齢になることによって死を間直にむかえたら、私は徹底抗戦して、病気とたたかい、延命に全力をつくす気は毛頭ありませ

ん。

出来うる限り自然体で、なりゆきにゆだねたいと考えています。延命に悪戦苦闘してもメリットはあまりないように思います。

（一）病気に悪戦苦闘する体力で好きな温泉でゆっくりすごしたい。
（二）余命わずかで苦しむより、痛みなどをとりのぞく応急処置で、人生の残りを楽しむ時間がほしい。
（三）植物人間の状態で、生きのびると、家族や国家の負担が拡大する。

その他、いくつかの理由がありますが、無理やり延命してほしいと、私は考えていません。

現実に高齢になっている私の今の願望は、延命を切望するよりも、体力や気力が残っている今、出来る限り、自己実現と社会貢献の努力をすることです。

それがある程度の実現をして自己満足したら、「ありがとう」「ありがとう」の私の人生になります。

34. 生涯で　幸せ花の　花が咲く

大自然の野山や道ばたを見ると、年中四季おりおりに、花が咲きます。大自然は年中なにかで躍動しています。地球上の大自然は常に生命感ある活動をしています。

私は散歩が好きで、朝夕あちらこちらを歩いて、楽しんでいます。また、いま住んでいる家に五十坪ほどの庭があります。その庭の中に、年中、何か次々と自然の花が咲いてきます。散歩中の公園や、多くの住宅の庭、道ばたに、年中、なにか花があります。

このように大自然は命があり、活動しています。地球は広いので、世界の各地で、数々の花がいつもあるはずです。

振り返って、私自身の人生をみわたしてみると、自分には気づいていなくとも、自分なりの幸せの花がいつも咲いているはずです。一日三度の食事が美味しい、妻や家族と仲よく楽しく生活ができています。

特に経済的に困窮していない、肉体のどこかに痛いところがない等、特につらく不自由を感じない日常生活がなりたっています。

このことは私の人生に幸せの花がまちがいなく咲いていることになります。この日常の足もとの幸せに感謝しなくては申し訳なく思っている毎日です。

35. 悪事にて　苦労つくって　生きる人

人生に四苦八苦があると言われています。

どのようにして苦をのがれるか考えても、一生のうちに多くの苦に出会います。これがさけられない人生の事実です。

しかし、一部の人達は、悪事を計画し、実行し、社会に混乱をひきおこしています。社会や一般の人たちに、大いなる迷惑をかけます。

悪事をはたらく本人自身の人生も崩壊してしまいます。

せっかく与えられた人間の能力とか才能が悪用されることは残念としか

言いようがありません。悪事をはたらく本人だけではなく、家族や親戚も不幸です。

誰もプラスになることはなく、あえて、マイナスになることを考えて、言動することはかなしいことです。

頭や体を使って苦労するならば、社会のため、他者のためになることに努力したいものです。プラスの結果をめざしての苦労なら、苦労している本人も幸せです。社会も大歓迎です。

万引き、あおり運転、詐欺、殺人など多種多様の悪事をはたらく人は、各地にいつもいます。せっかくの能力、才能を善用して苦労してほしいものです。

36. 種をまく　育てた後で　実をむすぶ

定年をむかえた直後に、私は知人の農家の人に畑の五坪ほどを借り、野菜を育てました。

農業を長年やっている知人の指導で、幾種類かの野菜の種をまき、成長を楽しみ、自分の育てた野菜を、妻といっしょに味わうことは定年後の大いなる楽しみの一つでした。

時間きざみで、緊張感ある現役時代の生活から解放され、大自然の空気を吸いながら、土いじりの野菜栽培は幸せな時間でした。

農業を職業として長年にわたり従事すれば、それはそれでたいへんなことはわかっていました。

定年後の私のかすかな農業体験は、子供の遊び程度の感覚の体験でしたから、私には幸せでした。

このささやかな野菜栽培をとおして、なにごとも、結果の実をむすぶためには、まず種をまき、それを精根こめて育てることが大切です。

私の定年までの人生を振り返ってみると進学や就職受験時に、私なりに努力して合格という実をえました。

現役時代も社会人として、家族の柱として生き抜く種をまき、努力も継続しました。私なりにやりとげた後だから、幸せな定年後人生があると実感しました。

毎日、感謝して定年後も生きたいものです。

37. 数多く　あの世に送り　我が身あり

私のような高齢になると、次々と親族や知人が他界します。

今年は、私の姉、兄が連続して他界しました。

先日も夜間に電話がなり、親戚の老婦人が死亡され葬儀の連絡がありました。知人、学友の死の知らせもしばしばあります。

高齢になると当然のことながら死をむかえることがあります。

私もいよいよ死の年齢になっていて当然と理解し、その心の準備をしなくてはならないと思うこの頃です。

私は若いころ大病のため、幾度も死の危機をむかえましたが、その後、健康にめぐまれ八十路の高齢人生を楽しんでいます。

残されたこの世の人生を毎日、大切にして生きたいと、他者の死と葬儀の知らせに接するごとに痛感しています。

不幸や不満の心を極力すくなくする努力をしながら、感謝の心を拡大して生きたいと心がけています。

妻、子供、子供の妻、孫たちに深い愛情をそそいで、人間として、少しでも彼等の良い模範となる父親、義父、祖父になりたいと念じて生活しています。良い家庭環境の柱になる私でありたいものです。

38. 朝おきて　今日もやるぞと　窓をあけ

寝室の雨戸のすきまから、太陽の光がもれて暗い部屋がうっすらと明るくなります。朝になったことをベッドの上に寝ている私に知らせてくれます。今日も朝をむかえたのです。熟睡して気分もさわやかです。

となりの部屋で睡眠をとっている妻に、「今日も元気で起床しよう」とよびかけます。妻はすでに床の上で、手足の屈伸運動をしています。

私は妻の部屋に行き、「今日もよろしく。昨日はありがとう」と朝の挨拶をして握手をします。その日によって挨拶の言葉を変えますが、とにかく声をかけて、一日のさわやかなスタートがはじまります。

お互いに高齢であるために、ハッスルしすぎて体調をこわさないように気をつけていますが、「今日もやるぞ」という気分です。

窓をあけると、中庭にある犬小屋から、二頭の柴犬が尾をふりながら、私たちに走りよってきます。気分のよい、さわやかな愛犬との朝の対面です。

洗顔し、妻と私は中庭に出て、愛犬の全身にスキンシップをしてから、朝の散歩に出かけます。一日の体を動かす最初の楽しい行動です。朝の幸せな時間です。

39. 久しぶり　互いの顔を　確認す

久しぶりに生まれ故郷の中学校のクラス会がありました。卒業して半世紀以上の時間が経過していました。

指定された会場に行くと、いくつかの部屋があり複数の学校のクラス会が設定されていました。

私はどこの部屋に入ったらよいか、うろうろしていました。すると「ここ、こちらの部屋」と、私の名前を呼んでくれる声がしました。

会場の部屋に入ると、私はどの顔も想い出せません。名前も忘れています。

困った顔をしていると、なつかしそうに肩に手をおき話しかけてくる者もいました。

私は中学を卒業すると、故郷をはなれた生活をしていたこともあり、中学時代の仲間との接触は皆無状態でした。

中学時代のどの級友も、それぞれの人生をあゆみ、皆がそれ相応の苦労を重ねてきているわけです。

すっかり、幼い頃、若い時の顔の表情とはかわっているはずです。互いに顔と名前を確認しあうのに、相当の時間がかかりました。

顔や表情の変化は、互いに老いに向っていることになり、老化はさけられないことだと強く実感しました。

40．愛犬と　会話たのしむ　散歩道

私と妻の日常の楽しみの一つは、愛犬二頭と朝夕の散歩をすることです。いつもの朝のコース、夕方のコースがあります。

しかし、犬が行きたがる別コースを行くことがあります。春になり桜が咲きほこる時期になると、近くの桜の多い公園に足がむきます。

公園の桜を見たり香を楽しむために、愛犬をだきあげ、桜の花に目と鼻を近づけて春を楽しませます。

冬になり雪がつもると、雪道を歩かせます。愛犬は雪の感触を楽しみながら尾をふり、とびはねて歩きます。

私たちは散歩中に、顔をみつめて愛犬に話しかけます。「楽しいか。幸せか」と全身をくるくるとなでまわします。

すると尾をちぎれんばかりにふり、体を私たちにすりよせてくれます。私たち老夫婦と愛犬二頭の幸せタイムになります。

散歩中に出会う人達の中に、「幸せそうなワンちゃんですね。顔つきがおだやかで、安心しきった感じです」と、頭をなでてくれます。「人間も同じですが、犬も生活環境で顔つきがちがいます。顔をみれば日常生活の環境が想像できます」と話される人もいます。

愛犬二頭は私たちにとって、大切な家族の一員になりきっています。

41．今日の日を　幸せに生き　大感謝

「今日という一日は、明日という日と二日分の値打をもっている」と、アメリカ合衆国が独立したころの政治家は言っています。

彼は稲光の実態が電気であることを証明したことでも有名です。彼の名はベンジャミン・フランクリンです。

また、「時は金なり」という諺もあります。私は高校教師であった時に、大学受験生に、入試時間を一分たりとも無駄にしないように話していました。一分一秒を無駄にして合格ラインの点に、ほんの一点が不足して不合

格になり、浪人生活になるケースがよくあることを説明しました。たった一点の不足で、合格と不合格に分かれるのです。

友人、知人の大学関係者から、合格ライン周辺に数多くの受験者が集中し、あと一問が正解なら合格する高校生が多いとの話をよく耳にしました。

人生も同じだろうと思います。今日の一日を幸せに生き感謝して集中する心がけが大切なのだと考えます。

私は就寝する時は、できる限り安眠し、熟睡すること、起床したら、仕事などやりたいことに集中することを心がけています。

高齢になると、今日の一日の大切さに痛感し、感謝する度合いが高まります。

42. 幸不幸　はかりようにて　大差あり

人間は万人が例外なく幸福になりたいものです。不幸になることを望む人はいないはずです。

しかし、幸福や不幸である基準は各人各様にあると思えます。

例えば、財産、地位、名声が有るか無いかに重点をおく人がいます。勝敗にこだわる人もいます。美食生活とか旅行三昧生活に力点をおく人もあります。

どれも、みな納得できる基準ですが、そのうえに、幸不幸の基準は複雑で多岐に思えます。

私の幸不幸の基本的な基準は左記のようになりそうです。

（一）家族、知人、友人などの人間関係が良好で争いや喧嘩がないこと。

（二）他者の競争で勝者になるよりも、過去の自分に比較して少しでも向上していること。

（三）資産家でなくても、安心、安全な日常生活が可能なこと。

（四）毎日の生活が楽しく充実していること。

（五）老いても考え方、生き方は盛春であること。

幸や不幸は、本人自身が最終的に決定することだと思っています。

43. 未完成　我が人生に　納得す

アメリカの大家業家だったワナメーカーは「成功の秘訣は別にない。自分がしなければならないことの一つひとつに、全力をつくすことである」と言ったと伝えられています。

小さなことでも全力をつくし努力し続ければ、いつか大きな結果となると言っています。

彼の人生の偉大な結果と、彼の言葉をいま一度、よく考えると、私の人生のささやかな結果に大納得します。

日本の国どころか、私の住む津市内でさえ何一つとして、これこそ、私が一番と自信をもって公言できるものはありません。

あえて考えれば、著書の出版数が多少なりともあるのではないかぐらいです。

八十路の人生旅をしている現在まで、私の人生は未完成そのものです。

大きな賞をうけるほどの業績ものこしていません。

一日三回の食事を長年にわたり続け、身長も平均程度はありますが、同じ食事レベル、体調であっても、大いなる実績をあげ高齢期人生をむかえておられる方も多いのです。

そのような皆さんにくらべて、実に恥ずかしい限りです。未完成人生そのものです。

人生の最終コーナーで、私なりに鞭打って生活すべきだと自戒しています。

44．人生は　生死一如と　理解する

誰も例外なしに全ての人に誕生があり死去があるのは自明の現実です。従って生と死は一体です。ちょうど一万円の紙幣に表と裏があり、表側も一万円で、裏側も一万円の価値があります。

同じように、私の生誕も私であり、死も私です。

従って、私の生死は私の一生の始まりと終わりなのです。生死は別のようであるけれども、私の一生の全体からみると一如になります。

老いた今、私にとって、生も死も同一線上にあります。

生はめでたいが、死は不吉ではなく、生も死も本質的にめでたいものに私には思えます。

生はこの世に誕生した日であり、死は別の表現では「往生」と言います。仏教では、極楽浄土に生まれに行くことです。生も死もありがたい、めでたいものです。

私は末席ながら仏教徒の一人です。両親、姉、兄たちが他界した時に、特に悲しいとは感じませんでした。

私が、両親、姉、兄たちに心の中で言ったのは、「ありがとう」「極楽浄土で会いましょう」の二種の言葉でした。

高齢期の毎日に、「死の恐怖はほとんどありません」「毎日が楽しいです」につきます。

45. 想い出は　語りつくせぬ　無限大

老いるにつれて、想い出は、次々と浮かんできます。懐しいことがわきおこってきます。

旧友で高齢になった人たちと雑談していると大きく二種の内容に別かれます。

㈠不平や不満の話が中心で、恨みつらみの内容です。他者批判、自己弁護のくりかえしをする。

㈡社会や他者に対する感謝。社会や他者への感謝の表現として、ボランティア活動などで、少しでもお返しをしたいと思っている等のプラス思考の言葉が多い。

前者のタイプの人の顔は暗く、後者のタイプの人は明るい顔つきです。

もちろん私は後者のタイプの人間でありたいと、日頃から願っています。

過去の長い人生を私なりに振り返ってみると、社会や他者に、お世話になったこと、迷惑をかけたことが、多すぎるくらいに想い出されてきます。実に申し訳なく、ありがたい私の過去の人生でした。

私は老いた今も少しばかり多忙です。それはお金もうけの多忙ではなく、恩返しの言動を少しでも多くしたいからです。

46. 言いたいな　最期の言葉　ありがとう

高齢になり入院中の私の姉と兄の家族から死期が近づいているとの連絡がありました。

私と妻が連日、お見舞いに行きました。いつ行っても顔を私たちの方にむけ、目があきません。

もちろん一言も話が出来ませんでした。

しかし、私と妻が姉と兄の手をにぎると、力をいれて、にぎりかえしてくれました。時には急に目をあけて、両手で私たちの顔をみて合掌をしてくれたのです。

私たち夫婦が連日、お見舞いをしてくれていることを知っていたのです。唇がピクピクとかすかに動くのです。「ありがとう」「ありがとう」と心で言って合掌しているのです。感謝の心を全身で強く言っていました。

葬儀の当日に棺桶に眠る姉や兄たちの顔を見て、私たちは大安心をしました。安らかな顔つきで、感謝の表情が顔全体にただよっていたからです。

私たちは、子供の頃から仲よく、大人になってからも時には旅行などで楽しく生活していました。

私たち夫婦も葬儀後、自宅への帰りの車中で、あのような、やすらぎの大安心の顔つきで他界したものだと話しあって家路につきました。

47. 顔と声 かくしきれない 履歴書に

初対面の人も、その方の過去の生活歴とか性格、ものの考え方、生き方などのおおよその想像がつくことがよくあります。それは、顔つき、話の声などによくあらわれます。

私の知人が定年退職して、二度目の職場での面接試験を受けた時の話です。

その知人はいつも笑顔で人と対応し、声もソフトな感じで落ちついて会話をする人でした。彼が受けた職種はガードマンの仕事でした。

面接会場に入った時に、お茶のサービスがあったのです。会場係の人に、「ありがとうございます。いただきます」と、笑顔でソフトな声で言った後に、口にしたそうです。

面接する重役が、遠くから、その言動を観察していたそうです。面接した一週間後に採用の合格通知が届いたのです。

入社後に、その重役の方から、合格決定の理由を聞いたのです。お茶のサービスの受け方がよかったとのことでした。

どのような仕事もそうですが、ガードマンの仕事は、実直、正直であることが重要だからです。顔や、話し方など言動のすみずみにその人の人物像や過去歴が表現されるものです。少し人生経験がある人は、対応している人物の実像を見抜いていることがあります。

48. 良心を　大切にした　生活を

人間は例外なく幸福でありたいと思います。

財があり地位があっても全ての人間は幸福になりうるとは限らない。健康であれば幸福とは限らない。財力、地位、健康は幸福になる重要な要素にちがいないが、決定的で完全な要素ではありえません。

真の幸福は、良心を大切にして生活することだと思います。

この世で不純な発想と不当な言動により、財とか地位を得たとしても、幸福にはなりません。むしろ永遠の不幸を背負うことになります。

良心に恥じない行動を心がけ、精力を善用して、不動の幸福に近づきたいものです。幸福に達した人の幸せは、同時に社会一般の幸せにつながるものでありたいものです。

例えば、社会の幸福につながる社会貢献をすると、貢献した者も社会も幸福です。一人の人間としての努力は、常に良心に基づくものでありたいものです。

永久に不変の幸福は、良心に基づく生活をして、個人と社会が幸せを感じることによって達成されると思います。

良心とは、自分の生活のなかにひそかにひそむ欺瞞、打算的言動、不正直、不誠実、ごまかしを退け、自分が正しいと信じることに従って言動する気持ちです。

高齢期になり、大切な与生人生です。

今さら、財をなしても、死後に持って行けるものでもないことに苦労する必要はありません。

毎日の生活で良心をまず大切に生き続けたいものです。それでも完全に良心的になりえない自分の不完全さに心して生活したいと考えているこのごろの日々生活です。

49. 親として　はじぬ言動　心して

親の形質が子供に一定の様相を受け継ぐ現象があります。生物学上の遺伝の働きです。

顔、体形などが親とよく似ているのも遺伝によるものです。ものの考え方、行動、言葉づかいなども親に似ていることが普通によくあります。

親の言動を生まれた時から見ているので、自然に親の真似をしているのです。

私は教師として長年にわたり、学校教育にたずさわっていました。生徒と日常生活で接していると、親とそっくりの話し方、発想、行動をしている場面に出あうことがありました。

私自身についても、私は子供の頃から本好きで読書習慣がありました。一般の子供より本を読んでいたと思います。親から強要されて本を読んでいたわけではありません。本が大好きな親の生き方を、いつのまにか真似をしていたのです。「門前の小僧習わぬ経を読む」のことわざの教えのとおりでした。

子供の教育に親の日常の言動がきわめて大切だと思えます。

親としてはじぬ言動を心して生活したいと思っています。親として、将来の先祖として、素晴らしいと思える家系の文化とか伝統を、子供や子孫に伝えたいです。

50. 最期には　感謝三昧　合掌す

朝の起床時に感謝の合掌をする。一日を終えて就床時にも感謝の合掌をする。一日一日の全てに感謝です。

人生の最期にも、感謝の合掌です。生涯の全てにおいて、感謝三昧の生活です。

人間はどれほど有能に思える人も一人の力で、誰にも、何もお世話にならないで生き続けられる人は一人もいません。

無限の支援や恩恵に支えられ、守られて生きているのが現実です。生涯いつも感謝、感謝三昧の生活です。この考え方、姿勢、生き方は忘れたら生きる幸せは達成できません。

感謝して合掌する姿勢は人として忘れてはいけない基本的な生き方になります。

私の父親は高齢になり自宅で、他界しました。今夜は最後の命がなくなる夜と感じた時に、父親を自宅の部屋の中央に寝てもらい、家族も同じ部屋で一夜をともにしました。

真夜中に、父親が「ウウ……」とかすかに声を出しました。家族がとびおき、父親の全身に手をあて、「ありがとう」と言いました。

父親は声が出ません。話しも出来ません。ただ合掌をしていました。父親の顔はさわやかでした。感動の場面でした。私もこのような最期には感謝の合掌で他界したいものです。

第四章

社会貢献活動で盛春人生実現

定年をむかえても人生が停止したわけではありません。

現役時代に多くの知識と体験を積み上げてきました。

その長年の知識と体験を、お世話になってきた社会にお返しをする年代が定年後人生だと思えます。

定年後人生を退屈にせず、活力ある盛春時代にしたいものです。

定年後人生を社会貢献に意欲をもやすと、社会も、高齢者も幸せです。

1. 社会貢献の意義と幸せ

人間は社会的存在です。自分一人では生きられません。生涯いつも社会や他者のお世話になって生活しています。常に社会や他者の恩恵を受けて生き続けています。

長年にわたり無限の恩恵のもとに現役時代を生活し、定年後も生き続けます。

定年後を退屈人生にしないように、いきいきとした活力あふれる充実人生、幸せ人生にしたいものです。

生後、一生にわたりお世話になる社会や他者に、私たちは微力ながら恩返しをしたいものだと思います。

私たちは各人各様に、長年にわたり知識や体験を蓄積してきています。それを有効に活用して社会や他者に貢献したいものです。私たちがそれぞれで知識・体験の社会的善用になるわけです。

それが同時に社会全体への恩返しの一助になります。

社会貢献活動を意識して日常生活をすると、私たちが活動をする個人にも多大の幸せがもたらされます。

まず心身の健康の維持と増進に役立ちます。日常の生活にある種の緊張感や充実感があります。

毎日が日曜日で退屈な生活になりません。社会に恩返しができそうな活動内容を考え、実行する生活になり幸せな感覚になります。

現役時代を終えても、社会の一員の自覚があり、人生活動が停止していません。生涯現役の盛春生活の意欲がたかまります。心身の健康におおいに役立ってきます。

私自身も定年後二十余年が経過していますが、外出時に久しぶりで出会う知人や友人からは、顔つきや言動が少しも変っていないと驚かれたりします。

「何か健康法を特別に実践されていますか」の問い合わせがあります。

私は「特に健康法はありません」と、お答えすると、不思議そうにされることがあります。私は社会の一員として生活している感覚が幸せで楽しいのです。

社会貢献活動をすると、心身の健康に良いばかりでなく、数多くの素晴らしいことがあります。社会や他者へのつながりが可能だと言うことになります。

活動をとおして、いくつかの場所で、多くの人たちと言動を共に出来る充実感があります。

さらに現役を終えても、社会に少しでも役立った人材である幸せ感が最高の喜びになります。老いても現役の社会人なのかもしれないという幸せです。社会に役立たない不要人間になっていないという気持ちが嬉しいのです。

その上に、社会貢献の活動をすると、良いことが数多くあります。毎日の生活が規則正しくなります。一日の生活リズムが出来あがります。

奉仕活動で外出する時は、外出着で出かけます。電車・バスの時間を意識して行動します。一日中、寝間着姿で、髪を伸ばしてテレビの前で、うたたね生活から脱出できます。

私たちは、老いても生命を活用する「生活」をしたいものです。病気でない限り、生命が存在するだけの「生存」は出来る限りさけたいものです。

老いてなお充実した幸せな生活を実現するために、社会貢献活動を可能な限り実現したいと日常いつも考えています。老いてなお、現役の人生街道を生きる一員の存在でありたいと願います。

定年後の人生を幸せにし、社会のためにも微力ながら役立つ人間になるために、社会貢献活動を意欲的に考えて、実践することは素晴らしいことだと思います。

2. 私自身のささやかな活動の内容

私は、大学で英語を専攻し、卒業後は海外と商取引する貿易マンになりました。貿易マンの仕事も充実して楽しかったのですが、その後、若い人たちを育てる教育に職をかえました。

その理由は、数多くの若い人たちを育てる仕事に大いなる意義をみいだしたからです。私一人で出来うる仕事の総量よりも、若い人の数だけ、社会に役立つ仕事量があることになります。

定年退職までと、その後の十年間に接した若い人の人数は、かなりの数になります。仮に数万人の人たちの教育にかかわったとすれば、私一人での社会貢献よりも、はるかに総量は大きいことになります。

私は中学・高校・専門学校で、日本人はもちろん、日本に留学している外国人の若い人の教育に従事してきました。私自身は、現役時代の仕事内容に満足しています。感謝してもいます。

私は定年退職後、私の現役時代の経験や、仕事をとおして得た知識を活用して、社会貢献活動をしようと考えました。

さらに私なりの人生経験や人生観をもとにした貢献内容もさがしました。その結果、左記の奉仕活動を二十余年間にわたり継続しています。

（1）私の仕事に関係する社会貢献活動

1　子供の教育に関する貢献活動

①子育てについての保護者などから相談を受けて、親身になって共に解決方法を考える。

②子供自身の悩み相談をうける。

いずれの相談も自宅の電話を利用しての全国展開の無料相談です。さらに、自宅訪問で、親や子供の相談に無料で受ける。年間にかなりの相談があり幸せです。

2　社会教育に関する貢献活動

刑務所の受刑者の皆さまの社会復帰と更生のお手伝いをする篤志面接委員の活動をする。

3　外国人の日本語習得のお手伝い

私の住む津市周辺の外国人の皆さまの日本語習得のお手伝いを無料でする。

4　教育講演の依頼に応じる

教育講演の依頼に応じる。交通費と宿泊費のみで、講演料は無料で受け入れることもあります。

(2) 私の人生観に関する社会貢献活動

1 平和と幸福を祈願するミニ遍路

平和な社会希求を願望して毎日の生活で朝夕二回、近くの神社と仏閣をまわり、平和と人々の幸福を祈願して、ミニ遍路をする。

2 住居周辺のゴミひろい

ミニ遍路の道中に、タバコの吸い殻などゴミをひろい、ビニール袋に入れて持ち帰る。

3 笑顔での挨拶と会話の日常生活

道で出会う人たちに笑顔で、さわやかな挨拶や会話を心がける。皆が仲よく幸せでありたいと思う心境です。

(3) 国内外へ救済と支援のささやかな寄付活動

年金生活者ですので、ささやかな私が出来る救済活動として、ユニセフや国境なき医師団、さらに被災地への年間に何度か寄付をする。

(4) 心の悩み等に関する相談を受ける

法律関係や経済面での悩み相談は専門家がおられますので、私によせられる相談は心や生き方に関する内容にさせていただいています。何年か経過して、悩みが解消して幸せな人生をおくっているという感謝の知らせを受けることがよくあり、私も幸せを感じます。

悩みごと、心配ごとをかかえない人は一人もいません。お互いに支えあって生きられたら幸せです。誰でも何かで社会貢献が出来そうに思います。共に支えあって生きたいものと日頃から考えています。

何かで、ほんの少しでも社会貢献できれば、奉仕活動をする人もまた幸せです。定年後の人生の一部を社会貢献活動にあてたいものだと思います。

3．社会貢献活動の種類の実例

各人各様に、それぞれの人生をおくり、職業をとしての知識や体験があります。さらに趣味も他者がない知識や体験があります。それ等を、社会に提供して社会貢献できれば、社会も提供者も共に幸せです。

各自が何で社会や他者に貢献できるかを考えて、可能なことで実践するのも素晴らしいことだと思います。

定年後の人生が貢献活動をする人に幸せが舞い込んできます。活力ある定年後人生が実現し、貢献することで幸せになります。

（1）体験した職業などに関する貢献活動

1　家電器具の修理

高齢者や独居老人の方が家の電気器具の故障で困っておられる場合があります。電化器具を扱う職業にあった方の知識と体験を活用してみます。

定年後、社会貢献として、無料で修理をして困っておられる方を助けて社会貢献できるのも幸せなことです。器具購入の費用は、修理依頼された方にお願いし、修理は無料で奉仕すると、きっと喜んでいただけそうです。

2 家や家具の簡単なリフォーム

大工や家具職人などで生計をたててきた経験のある人が、定年後にその技能をいかして社会貢献をしてみるのも素晴らしいことだと思います。台所の食器類を並べる場所を作ってあげたり、地震で本棚などが倒れないようにすると、喜んでもらえるわけです。無料で社会貢献するわけです。困っている人の喜びは、貢献者にとって幸せなことです。支援を受けた人も貢献者も共に喜びであり、幸せです。

3 法律関係の書類の書き方の相談

高齢者は自分の他界後のことを心配しているものです。遺言をどう身寄りの者に伝えるか日頃から気にかけています。法規に知識と体験のある人が、心配している高齢者の立場に立って、親切に相談にのってあげると、どんなにか喜ばれることでしょう。

ここにあげる貢献方法は、職業体験者のほんの一部の事例です。他に数かぎりなく多くの社会貢献の方法がまちがいなくあります。

各自が自分の過去の職業体験から、定年後に何で社会貢献が可能かを考えてみて、実践することが、定年後人生を活かし、社会人の一人として幸せになる方法の一つだと思えます。

(2) 自分の趣味を活用した社会貢献

1 パソコン等の操作法を教える

若い頃に職場などでパソコンを利用していた方でも、退職して長い年月にわたり操作していないと、パソコンの扱い方法を忘れていることがあります。パソコンばかりでなくカメラ等の扱い方を教えてもらえば高齢者の幸せにもなります。老化の進行速度を弱めることにもなり社会貢献にもなります。

2 カラオケの愛好グループをつくる

音楽好きで、カラオケにも興味と関心がある方ならば、カラオケを楽しむグループをつくる努力をされるのも社会貢献になります。高齢者に余生を楽しむ機会をつくるのも、素晴らしい社会貢献になります。

3　囲碁や将棋の仲間づくりをする

定年後の人生を楽しむ方法の一つとして、趣味仲間と時間をすごすことがあります。同じ趣味の者がワイワイとすごすことは、現役時代の組織内の雰囲気とちがった楽しさがあります。仲間づくりの中心となり、まとめていく役割をはたすのは一つの社会貢献になります。高齢者の方の精神面をゆたかにし、健康維持に貢献します。

(3)　日常生活でいつでも実践可能な貢献

1　笑顔で他者と常に接する

他者と出会った時に、いつも笑顔で接する生活を実行する。笑顔の人に会うと、気分がさわやかになります。にらみつけた顔つきの人に出会うと爽快感がありません。笑顔でいることは、誰でもその気になれば出来うる一種の社会貢献になります。笑顔の人が多くなれば社会が明るくなります。

2 やさしい言葉づかいをする

不愉快、不満、不平を含んだ言葉づかいの多い人とは会話が楽しくありません。逆にやさしい言葉づかいの人と接すると、気分が良いものです。楽しい会話は、相手の人の気分も良くなり、良好な人間関係が成立して社会が良くなります。

3 困っている人をその場で助ける

電車などで、気分が悪そうな人を見かけたら、その場で座席をゆずります。旅行者などが道に迷っておられたら、道案内を可能な限り親切に実践する。日常生活で、ちょっとした親切な手助けを心がけます。

4. 社会貢献を実践するうえでの心得

社会貢献を実践することとは、明るい社会をつくりあげるうえで、素晴らしことです。一人でも多く、社会貢献を心がけて生活する人が増加すれば、社会の明るさが、それだけいっそう確かなものになります。日常生活で、社会貢献を現実に実践するうえで、重要な心得があると思います。それは二つあるように考えます。

(1) 恩にきせない貢献活動をする

ことさらに他者のために苦労して、してやっているという態度をださないことです。奉仕活動はさせてもらっているので、してやっているわけではありません。長年、無料の電話教育相談をしている間に私は、いつも受話器の向こう側の相談されている方に、相談が終了したら、いつも「ありがとうございました。また、よろしければお電話ください。お待ちしています」と言っています。すると、相手の方が「相談にのってもらっているのに、ありがとう、不思議ですね」と言われることがあります。私はそのような時に、「相談はしてやっているわけではなく、相談させてもらう機会をもらっているわけですから、ありがたいのです」と、返事をさせてもらっています。

刑務所で受刑されている方と、お話しをさせていただく時も、「お世話になります」「ありがとうございました」と言う習慣になっています。受刑者の方が、一日もはやく社会に復帰されるように、お手伝いが出来る機会をいただいているわけですから、「お世話になり、ありがたい」ことになります。社会貢献活動が出来る機会をいただいているわけですから、ありがたいことです。

(2) 他者の親切や好意は素直に感謝する

社会貢献に逸脱した、理不尽な金品を受け取ってはいけないのは当然です。旅行に行って来たのでと、ちょっとした土産を買って来たと手渡されることがよくあります。私は、そのような時に、素直に「ありがとうございます」とすぐ受けとらせていただきます。

満員電車内で若い高校生が、老人の私を見て座席をゆずっていただいたら、「ありがとう」とすぐに座らせてもらいます。相手の親切や好意を素直に感謝して受けるのは紳士的な生き方だと思います。

互いに感謝しあい、思いやるやさしい生活態度を心がけて生活したいものです。散歩中に、私は時に、畑で農作物を栽培されている方が、私を呼びとめて、「この野菜いかがですか」と、手渡して下さることがあります。「この前に子供の進学のことで相談にのってもらって、助かりました」と、言われることがあります。相談をうけることは、年中あることとですから、誰だったか忘れていることがありますが、きっとその方は嬉しかったのだと思います。親身になって耳を傾けてもらったことが嬉しく思われたことだと思います。

5. 想像をこえた社会的評価に驚きと感謝する私の体験

私は長年にわたり、社会貢献を願って、私なりの奉仕活動を続けてきました。有名になり、社会的評価の向上を念じ、やっているという意識でない活動をしてきました。この間、著書を三十冊ちかく書きました。

私は生まれつき競争心が弱く、他者に勝ちたいという意欲がうすかったと自覚しています。

喜び幸せなことは、他者の競争に勝つことでなく、少しずつ地道に一年ずつ自分の生き方が向上していけば、私が自分で勝手に喜んでいるタイプの人間だと思ってきました。

このような考え方の生き方の私に、突然に想像をこえた社会的評価を受けることがあります。名誉教育学博士・社会文化功労賞・法務大臣表彰受賞の三つの評価です。

これらは、どれもこちらから、私自身が願いでたわけではありません。先方から、ありがたくも言って下さったわけですから、喜んで受け取らせていただきました。相手方のご好意に感謝する素直さも、大切な人間の生き方だと感じています。私は残された感謝すべき与生を大切にして社会のために、私なりに少しでも貢献できる老いの人生をおくりたいと念じて、今日も幸せに生活したいものだと思っています。

老いても、私は幸せを感じて、楽しく生活させてもらっています。ありがたいことです。

おわりに

定年後人生は人生の盛春黄金期です。人生を大きく分けて三つの期間があるように私は思います。

第一期　誕生から社会人になるまでの間に、人間として生きる基礎を形成する時期です。体力、学力、常識力などの基本を習得します。

第二期　社会人として活躍し社会の発展に貢献します。この間に家庭人として、家族生活を守り、子育てもする等の時期です。

第三期　社会人として一応の現役生活を終えて、長年にわたりお世話になり支援を受けた社会に恩返しを心して生活する時期です。

多くの人間のなかには、残念ながら、第三期をむかえられなかった方もおられます。

第一期中に病気、事故などにより他界された方も現実におられます。私自身も子供のころに病弱のために死線をさまよったつらい経験があります。

第二期も思うように念ずるようにすごせなかった方もおられます。本人自身は努力されたのですが念願が実現されなかったケースもあるのです。幸せなことに、現在、第三期の生活をおくられている方は感謝すべきです。百パーセント実現できる第三期の定年後人生ではないのです。

このありがたい、定年後人生を退屈な生活を続けたり、無気力な時間を積み重ねたりして、長年すごしては、定年後人生がおくれなかった人達に申し訳ありません。

本書は、このありがたい定年後人生を、盛春謳歌するための具体的な実践内容を参考実例としてあげました。

現在、すでに定年後人生をおくられている方、さらに新しく定年後人生にはいられる方に少しでも参考となりご利用いただければ、著者として嬉しいです。

ぜひとも、読んでくださった皆さまの定年後が人生の盛春黄金期であってほしいと願っています。

合掌

宇佐 美覚了

■著者プロフィール

宇佐美 覚了（うさみ かくりょう）

一九三七年に三重県に生まれる。南山大学文学部（現・外国語学部）卒業。

現在、作家・社会教育家・講演会講師。

大学卒業後は海外貿易業務に従事。海外貿易で仕事中に資源の少ない日本にとって、人材育成の重要性を痛感して教育分野の活動をはじめた。

長年にわたり、学校教育・家庭教育・社会教育と広範囲な活動を積極的に継続している。

この間に奈良の内観研修所の故吉本伊信師より、懺悔と感謝の法「内観」の教えをうけた。

さらに三重の妙蓮院専光坊の故霊雲軒秀慧老師様より「仏法」の指導をうけた。

高校と大学時代は「キリスト教」の教えを受けた。いずれも得難い感謝すべき指導で私の人生を大きく向上させていただく原動力になっている。

他にも、家庭・学校・社会で数えきれない慈愛深い人達から、有形無形の支援や教示を受けてきました。ふりかえってみると感謝の連続でした。

今、高齢になった毎日は、少しでもお世話になってきた社会に恩がえしがしたく、定年後の人生を幸せにおくらせていただいています。

私は盛春老人として、自己実現と社会貢献を念じて楽しく幸せな生活をしています。

名誉教育学博士・社会文化功労賞・法務大臣表彰受賞などを受ける。

◎社会奉仕活動

・無料による電話教育相談と電話幸福実現相談。
・刑務所の受刑者の皆さまの、社会復帰と更生のお手伝いをする篤志面接委員。
・三重県津市に在住されている外国人の皆さんの日本語習得のお手伝い。
・その他、各種の社会奉仕活動。

◎著書

『子育ては心育てから』（KTC中央出版）
『あなたのライフワークの見つけ方』（明日香出版社）
『この一言で子供がグングン伸びる』（海越出版）
『三快ビジネス人生のすすめ』（総合ライフ出版）
『母親の家庭内教育法』（産心社）
『子育て成功五〇の方法』（KTC中央出版）
『おしえて！　電話先生!!』（クリタ舎）
『今日も！　幸せありがとう』（浪速社）
『老いても人生花ざかり』（電子書籍もあります）（浪速社）

『老いの生き方楽しみ方48話』（浪速社）
他多数

■仏法による生き方の指導を受けられる寺院、妙蓮院 専光坊の連絡先

〒511－0115
三重県桑名市多度町南之郷三八三
電話：0594－48－2178
FAX：0594－48－6335

■講演やセミナーの講師の依頼先

〒514－0041
三重県津市八町二丁目三番二三号
宇佐美 覚了（うさみ かくりょう）
電　話：059－227－0803

定年後《ていねんご》の活《い》かし方《かた》楽《たの》しみ方《かた》

——盛春《せいしゅん》謳歌《おうか》実践《じっせん》ヒント集《しゅう》

二〇一九年十二月二十一日　初版第一刷発行

著者
宇佐美覚了

発行者
杉田宗詞

発行所
図書出版　浪速社
〒540-0037
大阪市中央区内平野町二-二-七-五〇二
電　話〇六（六九四二）五〇三二
FAX〇六（六九四三）一三四六

印刷・製本
亜細亜印刷㈱

Printed in japan　ISBN978-4-88854-525-9